LES DÉPENDANCES
DU SÉNÉGAL

GÉOGRAPHIE — POPULATION — PRODUCTIONS
COMMERCE — COLONISATION

PAR

Ch. BOUR
COMMANDANT DE CERCLE

PARIS
LIBRAIRIE MILITAIRE DE L. BAUDOIN ET Cⁱᵉ

LIBRAIRES-ÉDITEURS

30, Rue et Passage Dauphine, 30

1885

DÉPENDANCES DU SÉNÉGAL

GÉOGRAPHIE — POPULATION — PRODUCTIONS
COMMERCE — COLONISATION

La Cazamauce.

Navigabilité. — La côte occidentale d'Afrique, sauf les presqu'îles du cap Vert et du cap Rouge (du 14°40′ à 14°37′ de latitude Nord), qui sont hérissées de roches, est basse et bordée de trois lignes successives de brisants qui en rendent l'approche difficile. Elle ne se révèle, à la vue du navigateur, que par les cimes d'arbres, assez rares, qui bordent la plage. Dès le 13°, elle se fait remarquer par sa végétation, et la terre peut être plus facilement reconnue.

Les embouchures des fleuves ou rivières qui se déversent dans l'Océan Atlantique ont une certaine largeur et très peu de profondeur. Leur accès rend nécessaire le concours des pilotes noirs, familiarisés avec le trajet des passes, qui se déplacent, suivant la pression plus ou moins forte des lames et du courant.

Notre première étude sur cette côte portera particulièrement sur le fleuve Cazamance, dont le bassin est en grande partie connu. Bien que ce fleuve ne figure qu'au second rang parmi les grands cours d'eau qui sortent des massifs montagneux du Fouta-Djalon, tels que le Djoliba ou Niger et le Sénégal, il est néanmoins digne de fixer l'attention comme voie de pénétration dans les pays productifs et peuplés situés près de sa source. Il arrose, en effet, les contrées les plus belles et les plus fertiles des possessions françaises de la côte occidentale; et, comme trafic commercial, il vient immédiatement après le fleuve Sénégal.

L'entrée du fleuve Cazamance (Rio-Casamanca des Portugais) est obstruée par des bancs de sable laissant trois passes accessibles, dont une seulement aux navires de fort tonnage, qui peuvent aller mouiller jusqu'au comptoir portugais de Zekinchor, où ils trouvent un fond de 7 mètres. Les navires d'un tirant d'eau de 3 mètres vont jusqu'à la pointe Piédras, et ceux de 2 mètres, jusqu'à Sédhiou. Au-dessus de ce point, des embarcations ne calant pas plus de 0ᵐ,90 à 1 mètre peuvent remonter la Casamance à quelques milles au delà de Diannah. De ce point aux sources, la distance ne peut être franchie que par des pirogues ou par des canots à fond plat. Cette région supérieure de la Cazamance n'a pas encore été explorée, et nous n'avons à son sujet d'autres renseignements que ceux qui nous sont fournis par les indigènes. D'après ces renseignements, une distance d'environ vingt lieues séparerait Diannah des sources, dans les montagnes bordant le Fouta-Djalon, et un rapide existerait vers le milieu de ce parcours.

Le cours de la Cazamance a une longueur d'environ 280 kilomètres, presque entièrement sur fond de vase et de sable. A la pointe Piédras seulement, le fond est formé de récifs.

Le chenal du fleuve, de l'embouchure à cette pointe, a une assez grande largeur. Là, il se trouve brusquement rétréci, et après ce passage, il s'élargit à nouveau jusqu'à Yatacounda, en restant vers le milieu du fleuve, pour se rapprocher, à partir de ce point jusqu'à Sédhiou, à une distance de 150 à 200 mètres de la rive gauche.

La marée se fait sentir au delà de Sédhiou et facilite la navigation des cotres et goëlettes de l'île de Gorée, qui à l'exception de quelques caboteurs anglais, chargés de noix de colas, fréquentent seuls ce fleuve.

Un vapeur se rend en douze heures de l'embouchure du fleuve à Sédhiou. Les voiliers n'y parviennent qu'en trois jours, en moyenne. Nous avons vu cependant des voiliers mettre de huit à dix jours pour effectuer ce trajet; mais nous devons ajouter que ces caboteurs jettent l'ancre toutes les nuits, et, le jour, attendent la marée ou le vent dans les périodes d'accalmie. Quelques patrons aussi connaissent imparfaitement le fleuve qui n'est pas balisé, et d'autres, le plus grand nombre, ne manquent aucune occasion de retarder leur marche.

La Cazamance reçoit, comme principal affluent, la rivière Soun-

grougou, qui prend sa source au Nord-Ouest du Firdou et vient se
jeter en face de la pointe Adéane. Cette rivière est praticable jusqu'à
Tabor pour les petits cotres ou chalands calant 0ᵐ,80. Les embarcations qui fréquentent cette rivière, desservent les établissements commerciaux de Sédhiou aux comptoirs des traitants établis sur les rives,
à proximité des villages. Les autres affluents (marigots) de la Cazamance ont peu d'importance et ne sont navigables que sur une faible
étendue.

La libre navigation sur la Cazamance et le Soungrougou est entièrement assurée. Les patrons de bateaux n'ont plus à redouter les
pillages, ni à s'entendre avec les chefs riverains au sujet des droits de
passage. Tous les navires, même quand le pays est en état de guerre,
font de l'eau à l'aiguade de Yatacounda (village balante où les pillages
étaient fréquents autrefois) sans avoir nulle redevance à payer aujour-
d'hui. Ils sont soumis au régime douanier en vigueur dans la colonie
du Sénégal, et acquittent leurs droits d'entrée ou de sortie au poste
de douane français de Carabane. Le droit de pilotage à l'embouchure
est assez onéreux et généralement les capitaines sont disposés à ne
pas recourir au pilote.

Le poste portugais de Zekinchor ne perçoit de taxes que sur les
marchandises à sa destination.

De novembre à juin, pendant la saison sèche, les établissements de
la Cazamance doivent être prochainement reliés à Gorée par un service d'avisos postaux.

Géographie. — Les rives de la Cazamance sont basses et bordées de
palétuviers, à droite, jusqu'à la rivière Soungrougou, et à gauche,
jusqu'à Zekinchor. Ces fourrés de palétuviers deviennent d'immenses
marais impraticables pendant la saison des pluies. En arrière, se
trouve la forêt. Sur la rive gauche, entre Carabane et Zekinchor, on
est frappé de la beauté de la pointe Saint-Georges, où des pêcheurs
ont installé leur village aux pieds de magnifiques bouquets d'arbres.
D'Adéane à Diannah, les deux rives sont bordées d'une luxuriante
végétation et d'arbres gigantesques, principalement de Yatacounda
au marigot de Simbandi, où les seules clairières que l'on rencontre
sont occupées par des villages.

Quelques collines d'une élévation de 35 à 45 mètres se remarquent
à Adéane, Niéné, Malifara, Guignabar, Sédhiou et Bombadiou. Elles

prennent naissance à peu de distance du fleuve et bornent entièrement l'horizon. Celles d'Adéane, de Malifara et de Sédhiou sont couvertes de bois; ces deux dernières ont une croûte de pyrite de fer.

Trois petits îlots boisés, inhabités, sont situés sur le cours de la Cazamance. Le premier, à l'Est de Sédhiou, est appelé l'Ile-au-Diable, et, d'après la légende qui a cours parmi les indigènes, quiconque y pénètre doit mourir dans l'année; légende qui se perpétue malgré les démentis donnés par les faits. Le deuxième est placé en face du marigot de Sitaba et le troisième, proche Kamacounda. Ces îlots sont peuplés d'oiseaux de toutes sortes et de singes. Les caïmans et les hippopotames y font aussi élection de domicile.

Les rives inondées aux hautes eaux sont cultivées en rizières.

De nombreux villages sont échelonnés sur les bords de la Cazamance. Dans le Boudhié, quelques-uns sont de fondation toute récente. Les renseignements souvent diffus ou exagérés des indigènes ne nous permettent pas de donner à chaque village son importance réelle; mais une grande partie de ces villages sont connus de nous, et nous ne mentionnerons ici que les plus importants et ceux sur lesquels nous possédons des données exactes.

RIVE GAUCHE :			RIVE DROITE :	
Carabane	547 habitants		Lakar	50 habitants
Saint-Georges	150	—	Guirégui	50
Zekinchor	500	—	Bounou	800
Sindoni	200	—	Malifara	250
Adéane	200	—	Badiari	400
Tiécou	20	—	Grand-Tambana	500
Niéné	300	—	Petit-Tambana	300
Yatacounda	1,200	—	Sédhiou	1,827
Niafour	700	—	Mourcounda	300
Cougnara	900	—	Karantaba	100
Binako	250	—	Counaya	60
Mangrougou	1,000	—	Diendé	80
Simbandi	350	—	Grand-Moncôno	800
Bissari	250	—	Oudoukar	200
Sandiniéri	800	—	Diannah	480
Petit-Mancône	350	—	Gnama	700
Bambadiou	350	—	Salikénia	450

Les villages de l'intérieur sont également nombreux, ceux dont la position est connue et déterminée figurent sur notre carte.

Une longue période de guerres et de pillages ayant amené la ruine à peu près complète du Fogny, nous ne pouvons donner aucune indication sur ce pays, aujourd'hui abandonné.

Carabane, à l'entrée de la Cazamance, a un poste muni d'une pièce d'artillerie, une garnison de six hommes, cinq employés de douane, deux pilotes et un chef de poste pour l'administration du cercle de la Basse-Cazamance. Il possède un parc à charbon pour le ravitaillement des avisos. C'est un poste douanier plutôt que militaire et administratif. Construit près d'un marais pestilentiel, les décès y sont nombreux. Les moustiques y sont en si grand nombre qu'il est impossible de reposer la nuit.

Le village est construit à l'Est du poste et habité par les Yolas. Plusieurs maisons de Gorée y entretiennent des succursales. La principale appartient à MM. Maurel et Prom, de Bordeaux, qui y envoient de grands vapeurs faire leur chargement.

Carabane est placé entre les 12° et 13° de latitude Nord et sous le 10° de longitude Ouest.

Zekinchor, dernière possession portugaise de la Cazamance, a une garnison de vingt hommes, commandée par un sous-lieutenant, qui prend le titre de gouverneur du Presidio de Zekinchor. Le village est habité par les Yolas et les Mandiagos. La maison Chambaz et Sambain, de Sédhiou, possède un établissement important à Zekinchor, et la maison Maurel et Prom y tient aussi un comptoir. Aucun autre établissement commercial n'y est fondé. Ces deux maisons, pour avoir le droit d'y commercer, payent au chef du Préside, un abonnement annuel, l'un de 2,000 francs, l'autre de 800 francs. Jusqu'à la fin de 1880, la garnison portugaise n'a guère été composée que d'un gouverneur et de deux soldats, mal entretenus. Aujourd'hui encore, le gouverneur et la garnison n'ont pour habitation que des cases semblables à celles des indigènes. La population de Zekinchor a souvent montré à l'égard de son gouverneur une antipathie qui s'est traduite par des actes de révolte.

Sédhiou, sur la Haute-Cazamance, est le village le plus important de nos possessions de la côte occidentale. Il est aussi appelé par les indigènes, Toubab-Counda, ou ville des blancs, il a formé, pendant un certain temps, le troisième arrondissement du Sénégal et a été rattaché plus tard au deuxième arrondissement. Il est habité par des Yolofs, Mandingues, Mandiagos, Serracolets, Balantes, Yolas, Bayenouncas, Bam-

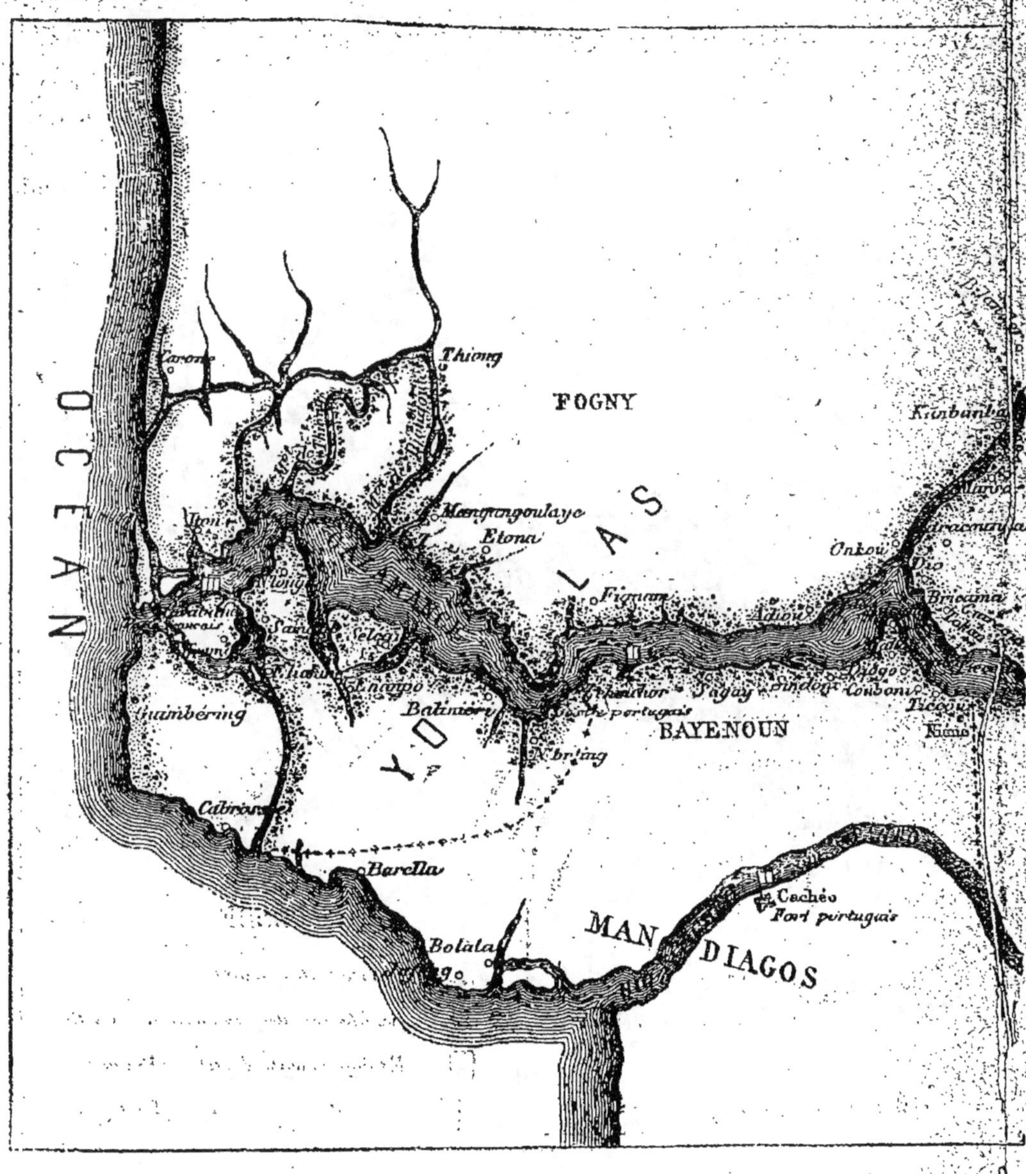
OCÉAN
Caron
Thiong
FOGNY
Kinbanka
Mangangoulaye
Etona
ELAS
Onkou
Uton
Figuira
Adiou
Bricama
Santch
Selqy
YO
Chantor
Pagay
Sindou
Coubou
Ticou
Guimbéring
Balimery
Fort portugais
BAYENOUN
Kinie
N'bring
Cabron
Barclla
Cachéo
Fort portugais
Bolala
MAN
DIAGOS

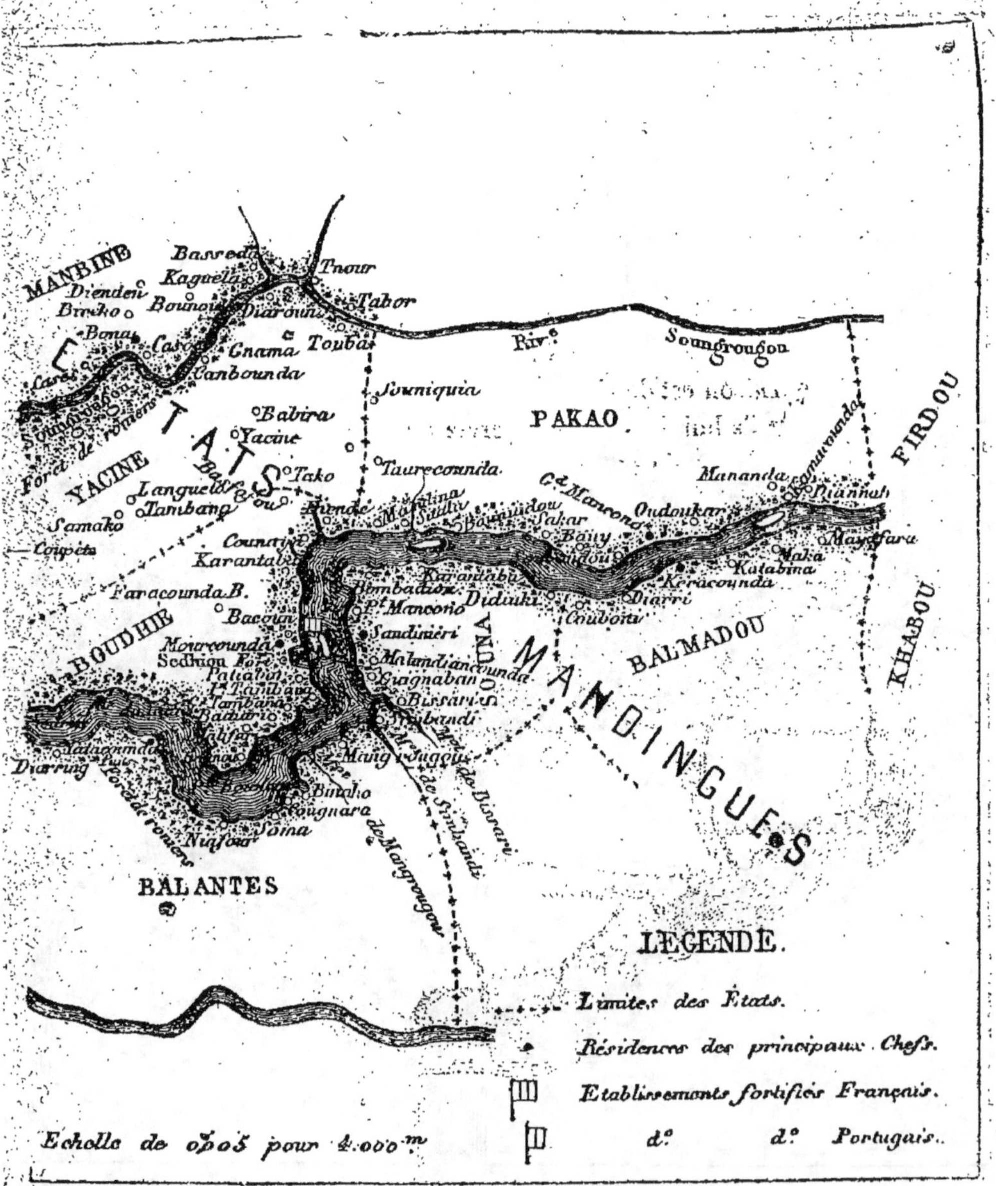

MANBINE
Bassed
Kaguela
Tnour
Diendeu
Bireko
Bounou
Diaroun
Tabor
Bona
Caso
Gnama
Touba
Cares
Canbounda
Soumoudou
Forêt de romiers
Babira
Yacine
PAKAO
Souniquia
Riv.
Soungrougou
FIRDOU
ÉTATS
YACINE
Tako
Taurecounda
Languelo
Grou
Tambang
Biendie
Matalina
Sully
Gd Manong
Mananda
Diegounarounda
Diannah
Samako
Coupets
Banmoudou
Sakar
Oudoukar
Counate
Karantaba
Karantaba
Bany
Naudou
Vala
Katabina
Masofaru
KHABOU
Faracounda B.
Bimbadiox
Pt Mancorio
Didiuki
Keracounda
Diarri
BOUDHIE
Bacoin
Sandineri
Couboni
BALMADOU
Mourcounda
Sedhiou For.
Malandiancounda
MANDINGUES
Patiabon
Tambacli
Bragnaban
Tambana
Bissari
Bachirio
Mabandi
Adacounda
Diarrug
Boema
Manguei
Nuggou
Mar de Bonari
Bintaho
Sougnara
Soma
Niafou
BALANTES
LÉGENDE.
Limites des États.
Résidences des principaux Chefs.
Établissements fortifiés Français.
d°   d°   Portugais.
Echelle de 0,005 pour 4.000 m

baras et Toucouleurs, émigrants pour la plupart. On y remarque une grande place publique et de belles avenues plantées d'arbres, une église, et une école française qui est dirigée par des missionnaires.

Les maisons Maurel et Prom, Blanchard et Cie, de Marseille, Chambaz et Sambain, y possèdent des établissements considérables et des maisons de détail gérées par leurs traitants. C'est à Sédhiou qu'arrivent tous les produits de la contrée. De là, ils sont expédiés à Carabane et à Zekinchor, pour être dirigés en Europe par les grands navires.

Le fort est bâti au pied du village et sur le bord du fleuve. Ses murs sont percés de meurtrières et ses bastions armés de cinq pièces d'artillerie. Sa garnison est de vingt-trois hommes, un médecin et un commandant pour l'administration du cercle de la Haute-Cazamance et de la partie financière de celui de la Basse-Cazamance. De 1876 à 1879, le fort a disposé, en outre, d'une petite canonnière à vapeur de cinq pièces.

Sédhiou est placé entre les 12° et 13° de latitude Nord et sous le 18° de longitude Ouest.

La température ordinaire des pays de la Cazamance est de 33° à 35° centigrades à l'ombre. Dans les mois de décembre et de janvier, la température descend à 25° centigrades.

La saison pluvieuse commence dans la première quinzaine du mois de mai pour se terminer dans la deuxième quinzaine du mois d'octobre. Les pluies sont généralement précédées d'un fort coup de vent et accompagnées de grands éclats de tonnerre. Ces orages ou tornades ont une durée minima de trente minutes et de quatre-vingts minutes au maximum. Les tornades se répètent plusieurs fois dans la même journée, notamment pendant les mois de juillet, août et septembre. Nous avons remarqué, dans la Haute-Cazamance, l'ouragan du 5 septembre 1880, qui commença à quatre heures du soir et se termina seulement à minuit, sans intermittence de pluie et de tonnerre, et celui du 13 juin 1881, qui fut d'une violence telle, que de gros arbres se trouvèrent brisés et déracinés et que les goélettes ancrées furent chassés à plusieurs milles et jetées sur les rives.

Productions et industries. — Les principaux produits d'exportation de la Cazamance sont : l'arachide, le gros et le petit mil, le riz, les amandes, l'huile de palme, le coton, l'indigo, les pelleteries et les oiseaux à riche plumage.

Ces productions sont importantes et pourraient atteindre un développement plus considérable.

L'arachide, le maïs, le mil, le riz, les patates, le nyambi, le niébé et les ignames forment l'alimentation ordinaire des habitants. L'igname est cultivée dans tous les États mandingues de la Cazamance. Le poids du tubercule atteint 12 à 15 kilogr.; sa farine est blanche, légèrement teintée de jaune, et d'une qualité égale à celle de la pomme de terre d'Europe. Les indigènes font aussi entrer dans leur alimentation diverses variétés de racines et de fruits sauvages, particulièrement une graine de substance jaunâtre, contenue dans les longues cosses d'un arbuste dont nous n'avons pu découvrir le nom.

On récolte, en Cazamance, d'énormes champignons blancs comestibles, des potirons, des melons et des fruits pendant la plus grande partie de l'année: oranges, citrons, limons, bananes, mangots, ananas, goyaves, grenades, papayes, houl, etc. Un cep de vigne, planté au poste de Sédhiou, a donné deux récoltes dans la même année. Presque tous les légumes d'Europe s'y acclimatent et croissent rapidement.

Les fruits du calebassier, coupés en deux, fournissent aux indigènes des récipients précieux dans leurs travaux domestiques.

Le fleuve fournit aux riverains de grandes ressources en poissons très appréciés par eux. Les huîtres se trouvent en abondance, aux racines des palétuviers, entre Carabane et Adéane. Les marsouins voyagent par troupes entre ces deux villages. Le lamentin, auquel les indigènes attribuent une origine humaine, se chasse en pirogue dans les environs de Sédhiou.

Les caïmans, les hippopotames et le serpent d'eau à crochet se rencontrent sur le cours de la Cazamance. Le boa, de petite dimension, habite les hautes herbes des bords du fleuve.

Tous les indigènes aisés élèvent du bétail. Les bœufs et les vaches sont nombreux dans chaque village. Ces animaux ne sont pas agrémentés d'une bosse, comme leurs congénères des bords du Sénégal et du Cayor. Les chèvres, les porcs, les poules et les canards se trouvent dans toutes les cases. On y voit peu de chevaux et de moutons.

Le tabac à fleurs blanches et violettes se rencontre partout à l'état inculte. Les indigènes le font cependant sécher, sans autre préparation, pour être fumé.

Le coton n'est pas davantage cultivé ; néanmoins son rendement suffit à l'habillement d'une partie de la population. Il en est même livré au commerce. Les Mandiagos de Zekinchor vont dans le Balmadou et le haut Pakao échanger du coton brut contre du sel. L'arbre appelé fromager fournit aussi un coton qui n'est pas recueilli.

Sur tous les terrains légèrement boisés, et aux abords de chaque village, croît une plante appelée Bantamaré. Ses graines sont mêlées au café consommé par les habitants de la petite côte. Dans la Cazamance, ces graines ne sont pas utilisées.

Le palmier est cultivé partout, près des villages comme dans les forêts. Il donne une excellente boisson rafraîchissante (*singo*), au moyen d'incisions pratiquées aux branches et sous lesquelles les indigènes placent une bouline (calebasse non coupée) pour recevoir la sève. Ils ont un goût prononcé pour cette boisson.

Les rizières appartiennent aux femmes et sont cultivées par elles seulement.

Les amandes de palme sont abondantes dans toute la contrée, mais la récolte en est négligée chez les Balantes.

Les forêts de la Cazamance sont pleines de grands et beaux arbres, dont les essences sont propres à la construction et à l'ébénisterie: le caïlcédra, bois dur rouge foncé, sert à la confection de pirogues et d'ustensiles de ménage; le fromager, bois blanc, a la même destination. Dans ces deux bois, les indigènes taillent des pirogues d'une seule pièce, de 7 à 10 mètres de longueur sur 1^m,20 de largeur. Ces arbres atteignent des dimensions colossales, et nous avons vu, à Sédhiou, un fromager sous lequel un bataillon se tiendrait parfaitement à l'ombre. Le ronier, bois noir très dur, d'un corps filamenteux, a la propriété de se conserver très longtemps dans l'eau. Au Sénégal, il est recherché pour les appontements et le charpentage. Deux vastes forêts de roniers existent à Yatacounda et sur la rive gauche de la rivière Soungrougou. Le solon, le dévène, le m'bougane et le manpatan sont des variétés de bois de fer, blanc, gris et rouge. L'ébénier se trouve dans le pays Bayenoun. Parmi les autres espèces, on remarque, outre plusieurs variétés d'acacias, le figuier, différents arbres à fruits et le baobab (*lallo*), dont le fruit et les feuilles sont recherchés par les indigènes pour servir à leur alimentation.

Le bambou et le rotang se trouvent principalement à Adéane, Niéné, Bissari et à l'Ile-au-Diable, et généralement sur les bords des marigots.

Les panthères, les léopards, les antilopes, les biches, dont une espèce à striures blanches, la civette, le lièvre et les singes peuplent ces forêts. Les lions et les buffles y sont très rares. Une infinité d'oiseaux et de papillons d'espèces variées se rencontrent dans toute la Cazamance. Le folistocole, le merle métallique, le touraco et le colibri sont l'objet d'un commerce actif. On y trouve aussi la tourterelle, le pigeon vert, la pintade, la perdrix, le vautour, l'aigle pêcheur, le marabout et le pélican.

Les industries de la Cazamance sont très peu développées, les habitants n'ayant, en dehors des besoins ordinaires, que peu de goûts de luxe ou de caprices à satisfaire. Celles qui se rapportent aux échanges entre indigènes sont : la fabrication des nattes, chapeaux, tamis à vanner le mil, paniers en paille tressée, et le tissage des bandes de coton destinées à l'habillement. Le coton brut est d'abord filé à la main par les femmes, puis il est remis au tisserand qui, à l'aide d'un petit métier des plus rudimentaires et d'une sorte de navette, obtient une étoffe épaisse et solide, d'une longueur de 2 à 3 mètres sur une largeur de $0^m,15$ à $0^m,20$. Quelques tisserands poussent l'habileté jusqu'à former des dessins réguliers sur leurs bandes avec des fils de différentes couleurs. Ces dernières bandes sont très recherchées des négresses coquettes pour leur parure. Les indigènes teignent assez bien leurs étoffes avec l'indigo qu'ils récoltent. Cette teinture est préférée à celle d'Europe.

Les forgerons ou bijoutiers sont loin de pouvoir rivaliser avec leurs confrères de Saint-Louis. Avec de la monnaie d'argent, ils fabriquent de grossiers bracelets, et, avec le fer acheté au commerce, des sabres, des lances, des balles, etc.

Les cordonniers travaillent assez habilement le cuir qu'ils teignent de diverses couleurs en l'agrémentant de dessins originaux faits au poinçon chauffé. Leurs principaux ouvrages sont : les mokettes de plusieurs formes (sandales), les bottes, les fourreaux de sabre et de poignard, les porte-monnaie, porte-balles et les sachets à gris-gris.

Dans le voisinage du fleuve, la terre contient une certaine quantité d'argile propre à la confection des briques. Les habitants emploient cette terre à la construction des murs de leurs cases.

La fécondité du sol est exceptionnelle, malgré le peu de soins que les cultivateurs lui accordent. Après chaque récolte, ils mettent le feu aux herbes, et c'est là le seul engrais qu'ils donnent à la terre. La préparation pour l'ensemencement consiste à soulever légèrement la croûte des sillons existants. Il est très rare de voir un cultivateur augmenter ses ressources par un défrichement. Le plus souvent, il les diminue en empruntant aux traitants les graines nécessaires à la semence de sa future récolte.

Les Yolas et les Serracolets sont les plus laborieux cultivateurs de la Cazamance. Les biens qu'ils acquièrent par leur travail constituent pour eux un danger permanent et deviennent souvent la proie des pillards.

Commerce. — Nos comptoirs commerciaux de la côte occidentale d'Afrique ont apporté chez les peuplades avec lesquelles ils sont en relations d'échange un degré de civilisation très appréciable. La loyauté dans les transactions est un des plus puissants moyens de les attacher à nous, et ce principe doit servir de règle aux traitants.

Les articles européens importés en Cazamance sont : les cotonnades, guinées, rouenneries, calicots, les étoffes de laine, la quincaillerie, le fer, les armes à feu, la poudre, l'ambre, le corail, les verroteries, le tabac et les spiritueux.

Ces articles sont vendus en échange des produits du sol. A l'époque de la traite, de décembre à juin, chaque village riverain voit s'installer un ou plusieurs traitants des maisons de Sédhiou et de Carabane. D'accord avec leurs maisons de commerce, ces traitants payent au chef du village dans lequel ils s'établissent un certain nombre de gourdes (pièces d'argent de 5 fr.), à titre de location pour le terrain qu'ils occupent.

En bonne campagne, Sédhiou exporte mensuellement un million de kilogrammes d'arachides, une grande quantité d'amandes de palme, de mil, de riz, de cuirs et un peu de coton, et annuellement de 4,000 à 6,000 paires d'oiseaux.

Les bois, le bambou, le rotang, les peaux de panthères, de caïmans et d'hippopotames, les cornes d'animaux abattus, les nattes, les rones et les fruits n'ont pas encore figuré dans le commerce d'exportation.

Il arrive fréquemment qu'à l'entrée ou pendant la campagne de traite, par rivalité entre eux ou simplement pour faire acte d'hostilité vis-à-vis des blancs, des chefs indigènes prononcent le ton sur tous les produits (interdiction aux cultivateurs de vendre aux traitants, sous peine de confiscation). Ce veto, qui frappe très injustement le producteur, finit par lui enlever le goût de la culture et gêne aussi considérablement le commerce, dont les navires retournent vides à Gorée. Pendant le temps de l'interdit, les produits se détériorent rapidement sous l'action de l'humidité ou des pluies.

L'état actuel de nos relations avec les États voisins des établissements de Sédhiou et de Carabane laisse beaucoup à désirer sous le rapport des garanties assurées au commerce, soit par suite des décès survenus parmi les chefs indigènes, soit à cause du mauvais vouloir des détenteurs actuels de l'autorité qui obéissent à des caprices intéressés.

La concurrence a fait naître en Gambie un mode de payement satisfaisant les indigènes. Les traitants de cette rivière payent mi-partie en marchandises et mi-partie en argent. Les cultivateurs de la Cazamance, en communications constantes avec leurs voisins de la Gambie, ont déjà manifesté à diverses reprises le désir d'être payés de la même manière, sans avoir obtenu gain de cause du commerce de Sédhiou. Une modification dans le système d'achat jusqu'ici usité en Cazamance nous paraît donc probable et plus ou moins rapprochée. Il est fâcheux toutefois que la monnaie d'argent distribuée à l'indigène revienne rarement dans la circulation : dans toutes les peuplades de la côte, la monnaie sert à la parure des femmes.

La Gambie qui appartient à l'Angleterre est encadrée au Nord par le Saloum et au Sud par la Cazamance, tous deux fleuves français. Notre commerce est largement représenté en Gambie par les maisons Werminck, Gonel, de Marseille, Maurel et Prom, H. Prom et neveu, Pellegrin, Maurel frères, de Bordeaux, et par plusieurs succursales de Gorée. La Gambie est navigable pour les grands vapeurs jusqu'au comptoir de Mac-Carty, c'est-à-dire sur presque la moitié de son parcours. Un chemin de fer ayant pour point de départ Mac-Carty, et devant se diriger vers l'intérieur, perpendiculairement à l'Atlantique, est en voie d'études en ce moment en Gambie. Le commerce de ce pays est très important. Il s'étend jusqu'à Sénoudébou sur la Falémé, aux portes du comptoir français de Bakel, et tous les États limitrophes sont inondés de produits anglais. Les habitants de la Cazamance s'approvisionnent, eux aussi, de madapolam et de calicot aux comptoirs de la Gambie.

Il n'est établi aucune relation commerciale entre la Cazamance et le Rio-Cachéo. Cet établissement portugais, comme tous ceux de même nationalité à la côte occidentale d'Afrique, est en voie de décadence. Ses approvisionnements se font chez les maisons françaises de l'archipel des Bissagos, à Bolama, siège du gouvernement général portugais de la côte.

Diannah, sur la haute Cazamance, était autrefois le lieu d'arrivage des caravanes de l'intérieur, qui se dirigent aujourd'hui sur la Gambie et Sierra-Leone. Les chefs du pays ont néanmoins conservé des relations amicales avec leurs voisins de l'intérieur et sont désireux de pratiquer à nouveau des opérations avec les négociants de la Cazamance. La contrée est habitée par les Peuls du Firdou, qui n'attendent, eux aussi, qu'une occasion de se trouver en bons rapports avec nous, et par les Khabounkas (fraction mandingue). L'arachide, le mil, le coton et l'indigo se récoltent abondamment dans les environs de Diannah.

Adéane, territoire contesté par les Portugais de Zekinchor en 1878, est admirablement placé pour recevoir les produits du Fogny qui, nous l'espérons, pourra reprendre très prochainement son ancienne prospérité. Le commerce français le désignait précédemment « grenier du Sénégal ». Les chefs d'Adéane se sont volontairement placés sous notre protection, ainsi que la plupart des chefs du pays Bayenoun et nous ont demandé des pavillons français qui leur ont été promis.

Nos établissements de la Cazamance seraient en très bonne voie de prospérité sans les guerres incessantes des Mandingues, si nuisibles à l'agriculture et à l'élève du bétail.

La création de nouveaux comptoirs amènerait la pacification de cette riche et belle contrée, toujours livrée au pillage sur les points où ne flotte pas notre pavillon. Le commerce peut contribuer pour une bonne part à cette pacification, en modérant ses ventes d'armes et de munitions. Les armes qu'il livre aux pillards se retournent indirectement et infailliblement contre lui, car ces violences et ces troubles, qui paralysent les transactions, ont lieu naturellement où se trouvent des produits assez considérables pour tenter la cupidité. Les bénéfices considérables, mais plus ou moins justifiés qu'il a réalisés sur la vente des armes et des munitions sont loin de compenser les pertes immenses qu'il a eu à supporter du fait des guerres ou pillages des Mandingues. Nous aimons à penser que, mieux inspiré dans l'avenir,

le commerce français saura s'épargner ses déceptions des années pré-
cédentes. Il fera ainsi acte de patriotisme et de sage prévoyance.

Populations. — « La plupart des maux de l'Afrique, viennent de l'islamisme.
« Ni dans nos colonies actuelles, ni dans celles qu'on fondera plus tard, même quand il
« se présente sous les dehors les plus séduisants, comme cela arrive parfois au Sénégal,
« jamais dans aucune circonstance on ne doit l'encourager.
« Le combattre ouvertement serait peut-être un mal, l'encourager en est un beaucoup
« plus grand. A nos yeux, c'est un crime par complicité. »　　　　(MAGE.)

C'est pour nous un devoir de respecter la religion des indigènes et
d'en assurer le libre exercice; mais il est regrettable d'avoir à constater l'accroissement incessant des écoles arabes et le dépérissement
des écoles françaises.

Les écoles arabes sont nombreuses. Malheureusement, les écoles
françaises sont en très petit nombre dans toute la colonie. A Saint-
Louis (15,980 habitants), 11 écoles arabes et 3 françaises, dont une
laïque, longtemps fermée et qui a aujourd'hui beaucoup de peine à se
soutenir; une protestante, dirigée par un noir anglais de Sierra-Leone,
très prospère par suite des sacrifices qu'elle s'impose, et une catho-
lique, qui compte un bon nombre d'élèves.

A Gorée . .	3,243	habitants	4	écoles arabes et	1	française catholique.
A Dakar. .	1,556	—	3	—	1	—
A Rufisque.	1,199	—	3	—	1	—
A Joal . . .	1,987	—	1	—	1	—
A Sédhiou .	1,827	—	1	—	1	—

Toutes les écoles françaises ont un chiffre d'élèves peu en rapport
avec celui de la population. Celle de Sédhiou n'a qu'une dizaine de
petits captifs rachetés aux pillards mandingues.

Les principaux territoires français qui n'ont pas d'écoles sont :

Dagana	2,009	habitants.
Podor.	1,361	—
Bakel.	1,493	—
Portudal.	764	—

Sur ces quatre territoires, comme sur tous les autres non mention-
nés ici, il s'y trouve des écoles arabes très fréquentées.

La connaissance de notre langue est très peu répandue. L'obligation
pour tous les traitants de savoir lire et écrire le français a dû être
ajournée jusqu'en 1885. Peu d'entre eux ont acquis même la connaissance de la langue arabe. Les maisons commerciales se trouvent sou-

vent dans la nécessité de s'en remettre complètement à la bonne foi et à la sûreté de mémoire de leurs traitants, à défaut de pièces comptables. Quelques-uns abusent étrangement de cette situation exceptionnelle envers leurs maisons, et chaque campagne de traite voit de nouveaux venus qui agissent exactement comme les précédents; ils échangent même nos articles contre un produit qui ne s'exporte pas en Europe, pour nous servir de l'expression entendue de plusieurs négociants du Sénégal. Ainsi, ces traitants répandus au loin, que nous devrions pouvoir considérer comme les pionniers de la civilisation, les auxiliaires du commerce licite ne redoutent pas de s'associer au honteux trafic de l'esclavage dès qu'ils échappent à la surveillance des négociants et de l'autorité.

Des écoles françaises pourront seules assurer au commerce un meilleur recrutement. Le Gouvernement, de son côté, pourra y recruter ses interprètes. La dignité et les intérêts du commerce seront toujours compromis tant que la profession de traitant demeurera accessible à des gens de tous pays et sans aucune garantie. Nous pensons que l'on obtiendrait de très bons résultats en rendant cette profession possible seulement aux individus nés sur le territoire français et aux étrangers pourvus d'un acte de naturalisation; les uns et les autres, comme citoyens français, seraient obligés à écrire et parler le français, à tenir registre, et soumis à la surveillance de l'autorité la plus rapprochée. Cette surveillance peut s'exercer facilement aux escales des bords du Sénégal, où les traitants sont groupés sur un même point. Ce n'est pas le cas pour les rivières du Sud, et notamment pour la Cazamance, où les traitants sont disséminés dans les nombreux villages du fleuve et du Soungrougou. En dotant le poste de Sédhiou d'une petite canonnière d'un type similaire à celle qu'il possédait en 1878, on assurerait ainsi le commerce légitime et la tranquillité parmi les peuplades riveraines.

Les bords de la Cazamance voient depuis 1877 l'exemple donné par El-Hadj-Omar suivi par un marabout convertisseur à main armée, Fodé-Kaba. C'est la chasse à l'esclave sous le couvert de l'Islam. Fodé-Kaba et ses partisans ne sont que de vulgaires brigands qui ont massacré, ruiné et pillé tous les pays voisins non musulmans. Ce progrès du mahométisme à la côte occidentale est loin de contribuer à la civilisation.

L'invasion du Fogny par Fodé-Kaba fut violente. Tous les villages placés entre le Soungrougou et le marigot des Djougoutes furent pris et détruits successivement. Il conduisit ensuite ses opérations dans le Nord et revint au Sud détruire les nouveaux villages que, pendant son absence les Yolas reconstruisaient sur les emplacements anciens. L'almamy du Yacine, qui l'avait assisté dans ces pillages, eut une large part du butin et principalement des esclaves. C'est aussi avec une telle monnaie qu'il solda ses achats d'armes et de poudre aux traitants de la rivière Soungrougou. Il accumulait ses richesses, femmes et esclaves, au Grand-Mancôno, où il avait eu soin de laisser une forte garde. Lorsque le Fogny fut ruiné, il entreprit avec Sounkary, chef du Boudhié, une guerre contre les Balantes qui opposèrent une vive résistance ; et il fut contraint de se retirer après avoir brûlé le village de Mangrougou et fait, là aussi, de nombreux captifs. Sans patrie, et méprisé des chefs voisins autres que les deux précédemment cités, Fodé-Kaba erre aujourd'hui dans le Fogny, se précipitant sur chaque nouvel établissement yola. Un fort convoi de captifs qu'il faisait diriger vers l'intérieur pour être vendu, lui fut récemment saisi par Moussa-Monlôo, roi du Firdou. Ces malheureux ne firent que changer de maître probablement et n'ont pas dû recouvrer leur liberté. Les survivants de cette longue guerre d'extermination et de pillage se sont répandus à Sédhiou, Zekinchor et Carabane, où ils seront désormais à l'abri.

Les États mandingues de la Cazamance sont au nombre de cinq et organisés comme il suit :

Le Boudhié a pour chef Sounkary, dont l'autorité est imparfaitement reconnue et constatée par les chefs des principaux villages.

Le Yacine est administré par l'almamy Fodé-Léndé, et a pour chef guerrier Ousman-Madia, fils de l'ex-almamy supérieur de tous les États.

Le Pakao n'a pas de chef principal, mais tous les villages reconnaissent l'autorité du conseil des notables du Grand-Mancôno.

Le Balmadou est administré, comme le Pakao, par un conseil de notables tenu à Kéracounda.

Le Souna a pour chef l'almamy de Sandiniéri, assisté d'un alcaty (conseiller et ministre).

Les Mandingues de la haute Cazamance sont originaires des pays montagneux du haut Niger, où, dans ces contrées, il sont aussi appelés Soninkés et Malinkés. A la suite des guerres qu'ils eurent à soutenir contre les Peuls du Fouta-Djalon et des pays avoisinants, ils vinrent se répandre dans le bassin de la Cazamance et conquirent la contrée d'une façon définitive vers 1830. La possession de quelques territoires leur fut disputée sans succès par les émigrés Serracolets, venus dans le pays quelques années avant eux, et qui vivent aujourd'hui côte à côte et en paix dans les mêmes villages. Si les projets ambitieux du marabout Fodé-Kaba se réalisent, la frontière mandingue sera prochainement portée jusqu'à l'Atlantique. Ce sont des nègres de haute taille, aux traits assez réguliers et d'un teint noir moins brillant que celui des Yolofs, avec lesquels ils ont beaucoup d'analogie physique. Ils ne se rasent pas la tête comme une partie de ceux-ci ; ils ont les cheveux crépus coupés très courts.

Les femmes arrangent leur chevelure avec beaucoup de soin. Les cheveux sont roulés en petites torsades échelonnées, et enduits de graisse ou de beurre pour les rendre brillants.

Les hommes sont d'un tempérament querelleur et pillard. Leurs rapports avec les autres nègres sont toujours empreints d'un esprit dominateur. Ils dédaignent les travaux de la terre qu'ils font exécuter par leurs captifs. Incapables de se procurer par le travail les richesses qu'ils désirent, ils sont constamment prêts pour la guerre et s'enrôlent sous n'importe quelle bannière, sans s'inquiéter de la cause, pourvu qu'il y ait partage de butin. Ils sont musulmans fanatiques et cependant peu fidèles observateurs du Coran. Ils s'adonnent à l'ivrognerie et leurs mœurs laissent beaucoup à désirer. Les disputes entre Mandingues se vident à coups de sabre. Lorsqu'un homme est frappé à tort, leur justice est d'une grande sévérité, du moins dans le Pakao, où on applique la loi du talion. Un jeune homme de Mananda avait injustement reçu un coup de sabre à l'épaule droite ; son agresseur fut condamné par les notables et les vieux à recevoir exactement la même blessure et au même endroit que le plaignant. La sentence fut immédiatement exécutée par un parent du jeune blessé, sans soulever de protestations.

L'habillement des Mandingues se compose d'un pantalon flottant descendant jusqu'aux genoux et d'une vaste chemise ou boubou, en étoffe bleue ou blanche. Pour coiffure, ils portent un bonnet de même étoffe, orné de deux pointes relevées à l'avant et à l'arrière de la tête. Ils ont le cou et les bras chargés de gris-gris et de bracelets en cuir. Jamais ils ne circulent sans leurs armes, particulièrement sans un

large sabre suspendu à l'épaule gauche et un poignard à la ceinture.
Pour se rendre d'un village à un autre, le Mandingue ajoute un fusil
à ses deux armes inséparables. Les vieux s'arment d'une lance. Les
jeunes enfants, jusqu'à la circoncision, portent eux-mêmes des sabres
en bois dur, du même type que ceux en fer. Le divertissement favori
des hommes est la lutte, et ils apportent une certaine passion dans cet
exercice. Celui des femmes est la danse, si toutefois on peut désigner
de ce nom leurs lents soubresauts à talons joints accompagnés de
gestes obscènes. Les naissances et les décès leur fournissent des
occasions de réjouissance. Pour ces récréations, qui ont toujours lieu
au bruit du tam-tam et des voix glapissantes des griots, ils choisissent les nuits étoilées.

Les indigènes des divers États mandingues de la haute Cazamance,
parlent la même langue. Elle n'est pas écrite. Pour les correspondances,
on se sert de l'arabe; mais l'écriture en est, dans la Cazamance, beaucoup plus déformée encore que sur les bords du Sénégal, au point
d'être rendue inintelligible pour le lecteur de cette contrée.

Les Sarracolets de la Cazamance ont la même origine que les Mandingues, les mêmes mœurs et coutumes, moins les instincts guerriers.
Ils ont une telle horreur de la guerre, assure-t-on, qu'ils préférèrent
abandonner leurs cases et leurs biens dans leur ancien pays, où ils
étaient établis depuis des siècles, plutôt que de se défendre contre les
attaques de leurs voisins envahisseurs. Ils vinrent se créer une nouvelle patrie en Cazamance vers 1825, et, en 1860, pour les mêmes faits,
de nouveaux immigrants s'ajoutèrent aux premiers. Ils forment à ce
jour de sérieuses agglomérations dans les villages, où, seuls, ils donnent l'exemple du travail.

Les cases des Mandingues sont construites en forme de carré et di-
visées en compartiments ou chambres pour les membres de la famille.
Les murs sont en pisé, et la toiture en paille tressée. Une petite porte
d'entrée et des ouvertures sont pratiquées sur les faces pour l'aéra-
tion.

Une petite case en paille, en forme de hangar, est spécialement affectée à la cuisine. Les animaux domestiques ont aussi une case en paille
pour la nuit; dans le jour, ils se répandent de tous côtés dans le village,
sans être surveillés.

Toutes les cases d'une même famille sont entourées d'une tapade en
crinting (enclos en écorce de bambou)

Au moment de la récolte, les gerbes de mil et de maïs sont étendues sur les toitures des cases.

Les cases des chefs sont entourées d'une forte palissade de troncs d'arbres.

La déplorable habitude qu'ont les indigènes d'entretenir la nuit un feu ardent dans leurs cases est une cause fréquente d'incendie et amène parfois la destruction rapide d'un village entier. Lorsqu'un incendie se déclare, le propriétaire et sa famille détruisent la case à coups de perche pour circonscrire le feu. Les voisins demeurent gais et paisibles spectateurs, quand ils ne s'enfuient pas dans la forêt; mais il ne vient à l'idée d'aucun d'entre eux d'éteindre le feu en versant de l'eau ou de la terre. Les flammes provoquent la joie et la contemplation des plus menacés. C'est un sort, ou Dieu l'a voulu, disent-ils, et ils ne sont pas autrement émus.

Les mariages entre Mandingues sont contractés devant le marabout et le chef du village, qui reçoivent chacun un présent en marchandises ou en graines d'une valeur de 20 francs.

Les hommes ont de une à trois femmes, selon leur fortune. Les jeunes filles recherchées en mariage sont achetées à leurs parents. Leur valeur varie suivant l'âge et la beauté, le prix maximum est de 300 francs.

Les enfants nés d'une liaison avec une captive sont déclarés libres, et la mère ne peut plus être vendue.

Lorsque, dans un ménage, se trouvent plusieurs épouses, elles vivent généralement en bonne intelligence; chacune d'elles prépare à son tour les aliments, sauf le cas où, par punition, le mari inflige une interdiction individuelle de cette occupation, qui est considérée comme un honneur.

Les femmes mandingues se tiennent généralement assez propres.

Les principales fêtes observées chez les Mandingues sont celles de la circoncision, de la Tabaski et du Korité.

De 14 à 17 ans, tous les jeunes gens subissent l'opération de la circoncision. Cette opération est faite par les griots-médecins, exclusivement voués à cette fonction.

La circoncision, parmi les Mandingues et les Yolofs, donne lieu à des manifestations bruyantes et est annoncée, dès le lever du soleil, par des coups de feu. Ces détonations se succèdent jusqu'à son coucher, avec plus ou moins d'intensité, suivant la richesse des parents du jeune homme à circoncire.

Au jour indiqué, les griots, munis d'un large couteau suspendu à la ceinture et précédés des tams-tams, musique obligée de toutes les fêtes nègres, se rendent, suivis d'un nombreux cortège, à la case de l'adulte, dont ils feront bientôt un homme à même de faire la guerre et d'être marié. Pour cette cérémonie, tous ceux qui composent le cortège sont parés de leurs plus belles étoffes et de tous leurs bijoux. Les griots revêtent un boubou de couleur éclatante, orné de deux grosses torsades en étoffe retombant sur le dos, et un tablier, noué à la ceinture, descendant jusqu'aux pieds. Leur accoutrement ressemble assez à celui des femmes, et comme elles, ils portent pour coiffure des foulards de nuances variées; aux oreilles, de petits anneaux en or de Galam; au cou, des colliers de perles; aux poignets et aux chevilles, de nombreux bracelets en or ou en argent, témoignage des libéralités accordées par les familles des circoncis précédents.

A l'arrivée du cortège, le jeune homme prend place en avant des griots, et tout le monde l'accompagne à une case isolée des autres et spécialement affectée aux jeunes circoncis. Là, dans cette case, il demeure enfermé trois jours entiers, privé de toute communication avec l'extérieur. Pendant six autres jours, après lesquels il rentre dans sa famille, il lui est permis de sortir dans le voisinage, en portant comme marque distinctive de sa nouvelle place dans la société, le devant de son boubou sur le dos. Dans cette période de la circoncision, les jeunes gens ont le droit de se livrer à tous les excès : vols, larcins, etc., sans qu'ils puissent être inquiétés. Le grain ou les animaux volés dans ces circonstances reviennent aux griots, et les parents du jeune homme indemnisent la partie lésée.

Le premier jour de l'admission chez le griot est plus particulièrement fêté que tous les autres. Les assistants chantent et dansent devant la case, jusqu'à une heure très avancée de la nuit, et ils reçoivent tous une part des cadeaux et provisions donnés aux griots par les familles.

Les jeunes filles mandingues sont tenues, elles aussi, de se conformer à la bizarre coutume de la circoncision. Les vierges portent un bandeau d'étoffe blanche sur le front. Dans les diverses peuplades africaines que nous connaissons, nous n'avons vu jusqu'ici l'usage de la circoncision, étendu aux jeunes filles, que dans les pays mandingues de la Cazamance. Ce sont de vieilles négresses, dont le métier ordinaire est de vendre des poudres pour toute espèce de maladies, qui opèrent la circoncision sur les jeunes filles. L'opération ne réussit pas toujours aussi bien que sur les jeunes hommes, et, après l'avoir subie, il n'est pas rare de voir les jeunes filles marcher avec difficulté pendant quelque temps.

Les griots et les vieilles attendent que plusieurs jeunes gens aient atteint l'âge révolu pour pratiquer un certain nombre d'opérations le même jour, et donner, par suite, plus d'éclat aux cérémonies.

Les hommes et les femmes attachent une grande importance à la circoncision, sans laquelle ils ne pourraient contracter de mariage avantageux.

La fête de la Tabaski a lieu vers le milieu du douzième mois de l'année musulmane. (L'ère musulmane a commencé l'an 622 après J.-C. et l'année est de 354 jours seulement.) Cette fête est l'objet de grandes réjouissances : danses, luttes, chants, repas, etc. Il est de tradition, chez les nègres musulmans, d'égorger au moins un mouton dans chaque famille le jour de la Tabaski et de pratiquer la plus large hospitalité envers les étrangers et les visiteurs pendant toute la durée de la fête. Les tams-tams et les coups de fusils retentissent jusqu'au soir.

Le Korité, jeûne forcé qui dure un certain nombre de jours et qui commence le premier jour du dixième mois de la même année, correspond au Ramadan des Arabes, et est fidèlement observé des mandingues. Pendant toute la durée du Korité, il n'est permis à aucun musulman de prendre de la nourriture du lever au coucher du soleil. L'unique repas de la journée a lieu après le lever de la première étoile, et bon nombre de Mandingues s'y dédommagent des privations du jour.

Les griots sont les ordonnateurs et figurants de toutes les fêtes religieuses, générales ou familières, ils se divisent en trois catégories : les médecins, les musiciens (qui frappent sur les tams-tams) et les chanteurs. Ces derniers s'accompagnent avec une petite guitare faite d'un tronc d'arbre ou d'une calebasse (*corah*) et couverte avec la peau d'une tête de bœuf. Les cordes, au nombre de quatre, sont faites au moyen de crins de cheval tressés. Les sons de leur guitare ne sont pas toujours désagréables à l'oreille; mais leur art musical est d'une extrême pauvreté.

Chaque chef mandingue de quelque importance compte dans sa suite quelques griots chanteurs qui exaltent sa bravoure, sa grandeur et ses richesses. Ces flatteries, auxquelles les nègres sont naïvement sensibles, font que ces chefs perdent toute sagesse et se persuadent aisément qu'ils sont de grands rois, redoutables et redoutés. Ne vivant que des libéralités du chef, un griot bien exercé à son métier ne tarde pas à devenir le plus mauvais et le plus funeste conseiller de celui qui l'écoute.

Ces mêmes rois ont encore un griot spécialement chargé du Tabatal (tam-tam de combat). Il donne le signal d'alarme au village et sert de guide dans les expéditions guerrières. A son appel, tous les hommes doivent immédiatement prendre leurs armes et se mettre à la disposition du roi. Lorsqu'un chef se laisse prendre son Tabatal, vénéré à l'égal d'un drapeau, son prestige est perdu, et c'est le plus beau trophée dont son ennemi puisse se parer.

C'est par l'organe du griot que le chef communique ses décisions et ses sentences aux chefs inférieurs et à ses sujets. Adulé et choyé de son vivant, le griot est loin d'être un objet de respect lors de son décès. Son corps est jugé indigne de recevoir la sépulture ordinaire et est abandonné, dans la forêt, aux fauves et aux oiseaux de proie. Dans quelques pays de la côte, et notamment chez les Lébous, nous avons vu jeter leurs corps dans les troncs d'arbres creux.

Dans les pays mandingues, les terrains cultivés sont gardés pendant le jour par les hommes disponibles, ou, lorsque ceux-ci sont empêchés, par les enfants du village. Les hommes préposés à la garde des cultures sont ordinairement armés d'un sabre ou d'un fusil ; ces gardiens se tiennent en observation sur une éminence, d'où ils surveillent une certaine étendue de cultures. Ils en défendent l'approche aux animaux domestiques en leur lançant des cailloux ou des blocs de terre ou de bois, et aux oiseaux, en jetant de grands cris avec force gestes. Lorsque le terrain ne comporte pas d'élévation naturelle susceptible d'être appropriée à la surveillance, les indigènes élèvent avec des perches longues et solides, à une hauteur de 1^m,75 au-dessus du sol, une sorte de tremplin sur lequel ils se placent. Ils accrochent à ce tremplin, de distance en distance, des herbes sèches ou des lambeaux d'étoffe, qui, balancés par le vent, sont destinés à effrayer les animaux et les oiseaux. Quand des dégâts ont été commis, volontairement ou involontairement, par des habitants ou par leurs animaux domesques, la contestation est portée devant le chef du village. Après examen sur les lieux, il fixe l'indemnité à allouer à la partie lésée, laquelle indemnité consiste en mesures de grain ; et, quelle que soit sa décision, une mesure au moins lui est attribuée comme rémunération de son office.

La surveillance est plus particulièrement rigoureuse à l'égard des individus étrangers au pays, et le passage de leurs troupeaux est souvent l'occasion de violentes querelles entre les conducteurs et les gardiens. En cas de dommage causé, les chefs et habitants se plaisent à montrer des exigences intéressées et à les satisfaire par voie de confiscation.

Les palmiers sont soigneusement gardés par ceux qui se les sont appropriés. Ils s'entendent entre eux pour aller dans la forêt, par groupe de trois ou quatre, surveiller la récolte du vin de palme.

Les chemins, ou plutôt les sentiers pratiqués dans ces forêts, et même ceux qu'on trouve près des cultures, sont si étroits, qu'un homme seul a parfois de la peine à y passer.

Les chefs sont possesseurs d'une bonne partie des terres cultivées. Leurs champs sont mis en culture par les habitants du village, réquisitionnés à cet effet. Au temps voulu, chaque chef de famille du village doit fournir un individu pour cette corvée. Les travailleurs, au nombre de cinquante à soixante pour un champ, se placent sur une seule ligne et avec une sorte de houe tracent les sillons ou arrachent les herbes en chantant. Généralement, deux griots vocifèrent à quelques pas en avant en battant le tam-tam. Dans le Souna particulièrement, tous les travaux des champs sont exécutés avec le même cérémonial. Le travail fait en une demi-journée, ou une journée, selon la superficie du champ, suffit pour l'année entière.

L'ancien pays des Yolofs, qui s'étendait du 17° de longitude ouest à la côte, et des rives du Sénégal à celles de la Gambie, a été divisé depuis longtemps déjà en de nombreux États, dont les principaux sont aujourd'hui : le Oualo (territoire français) ; le Djoloff, qui a pour Bour ou roi Ali-Boury-N'Diaye ; et le Cayor, qui a pour Damel ou roi, Lat-Dior. Les Yolofs sont grands et robustes ; leurs traits sont fins et réguliers ; la physionomie est douce et expressive ; leur teint est d'un noir très brillant ; ils ont les cheveux crépus et bon nombre d'entre eux se rasent la tête. Ces nègres passent pour être les plus beaux de l'Afrique occidentale. Ils sont intelligents, comparativement aux autres races près desquelles ils vivent ; ils aiment le commerce et sont quelque peu voyageurs. C'est ainsi qu'on les trouve en grand nombre à

Sédhiou, et généralement partout où il y a un établissement français, voire même dans les coins reculés de l'intérieur. Ils sont affables, causeurs et excessivement doux. Leur affabilité envers les étrangers n'est le plus souvent inspirée que par l'appât de cadeaux; mais entre eux ils pratiquent une sincère cordialité. Ils se font remarquer, ainsi que leurs femmes, par une mise propre et soignée et par l'excellente opinion qu'ils ont d'eux-mêmes et qu'ils tirent des légendes se rapportant à leur puissante origine. Cette supériorité qu'ils s'attribuent est, dans une certaine mesure, reconnue par les autres races nègres.

Ils sont superstitieux à l'excès et la sorcellerie a beaucoup de créance parmi eux. Les femmes enjouées savent habilement simuler une maladie soi-disant apportée par un sorcier aperçu, pour obtenir de leur mari les objets de luxe qu'elles convoitent. La maladie ne peut être apaisée que par la présence de celui qui a jeté le sort ou par la satisfaction des demandes de la malade. Le prétendu sorcier étant naturellement introuvable, il ne reste à l'époux qu'à satisfaire les caprices exagérés de sa femme, et la maladie prend fin instantanément.

Les femmes yoloves fument presque toutes dans de petites pipes en fer ou en terre. Les hommes sont beaucoup moins fumeurs.

Les Yolofs professent avec ferveur la religion musulmane. Tout bon musulman réserve dans l'intérieur de sa cour un coin ensablé et à l'abri des animaux pour y faire ses prières. Les femmes font leurs prières dans l'intérieur des cases ou sur une partie quelconque de la cour; mais jamais à la place réservée au mari.

Leur langue est facile à apprendre et est parlée par beaucoup de nègres étrangers. La langue écrite est l'arabe, ou plutôt un dérivé de l'arabe, transmis aux marabouts enseignants par les Maures de la rive droite du Sénégal.

Leur nourriture se compose principalement de farine de mil (couscous) et de poissons frais ou secs.

Les Balantes, qui habitent la rive gauche de la Cazamance et dont le territoire s'étend jusqu'au Rio-Cachéo, sont des nègres de taille assez élevée et d'une conformation identique aux Mandingues. Ils ne se distinguent de ceux-ci que par leur cheveux qu'ils laissent pousser assez longs et par leurs incisives supérieures taillées en pointe. Ils n'ont aucune religion ; ils élèvent du bétail, cultivent peu et vivent principalement des produits de la chasse et de la pêche. Ils sont peu communicatifs, en mauvaise intelligence avec tous leurs voisins et notamment avec les Mandingues. Entre ces deux peuples, s'exercent des pillages réciproques, d'où une lutte permanente qui paraît devoir rester longtemps vivace. Pour des causes analogues, les villages balantes sont souvent en état de discorde entre eux. Les Balantes ne s'allient par des mariages avec les peuplades voisines que bien rarement. Ils inspirent une telle crainte aux étrangers que leur pays est soigneusement évité.

Chaque village balante s'administre séparément et a un chef, secondé par un alcaty. En cas de guerre avec l'étranger, le village attaqué reçoit l'assistance des villages les plus proches. Les Balantes sont très adroits chasseurs et possèdent presque tous des fusils qu'ils décorent avec des coquillages et des boutons de porcelaine. Ils n'ont pas d'esclaves et ne font jamais la guerre pour en obtenir. Dans toutes les guerres qu'ils ont eu à soutenir, ils se sont montrés très courageux et ils professent un véritable attachement à leur pays. Leurs danses, animées par un instrument très mélodieux, le balafon, ont un cachet purement guerrier ; les danseurs, armés de bâtons, au lieu de fusils ou de sabres, font mine de se battre résolument, et évitent les coups par des bonds prodigieux. Comme les Mandingues, les Balantes portent tous des sabres et des poignards.

Les Mandiagos, très répandus en Cazamance, sont originaires des possessions portugaises du Rio-Cachéo. Ils ont la taille moyenne, les traits réguliers, le nez épaté, les lèvres assez épaisses, la bouche grande et le front haut. Ils se distinguent des autres races noires en ce qu'ils portent toute leur barbe, crépue comme leurs cheveux. En dehors des Mandiagos, quelques vieillards seulement laissent pousser un peu de barbe au menton. Tous les nègres de la côte et de l'intérieur ont l'habitude de s'épiler le visage, bien qu'ils n'aient que fort peu de barbe. Le teint des Mandiagos est noir mat foncé. Les hommes ont les cheveux courts, et les femmes disposent leur chevelure en touffes ou chignons.

Les Mandiagos sont polygames comme les musulmans, et portent presque tous cependant un christ en cuivre sur la poitrine. Cette image provient de leurs ancêtres convertis en bloc au catholicisme par les prêtres portugais. Cette image se transmet aujourd'hui de père en fils, comme talisman ou gris-gris précieux. Ils sont cultivateurs et excelllents mariniers. Ils se nourrisent principalement de riz

et de poissons. On remarque avec étonnement qu'ils se montrent
avides de chairs corrompues. Ils se font aussi remarquer par leur
penchant à s'habiller à l'européenne et par leur goût des liqueurs
fortes. Les femmes s'habillent proprement avec les indiennes ou étoffes
de laine d'Europe.

Lorsqu'un Mandiago vient à mourir, quelques coups de feu et le

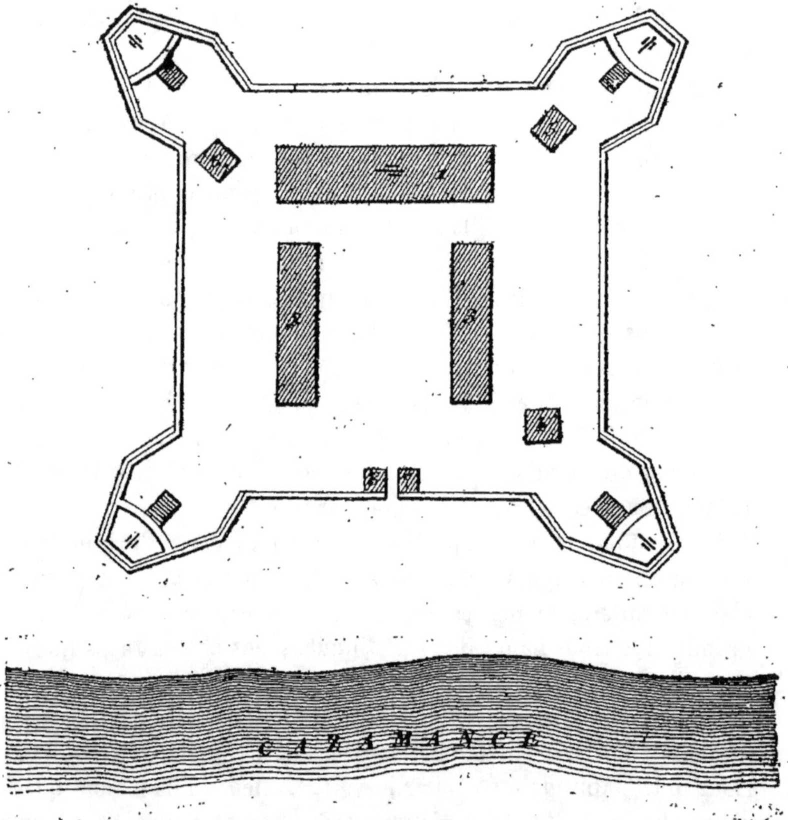

PLAN DU FORT DE SÉDHIOU.
Échelle de 0,001 pour 1 mètre.
1, caserne et bâtiment d'habitation. — 2, magasins des vivres. — 3, boulangerie et magasins. — 4, poudrière. — 5, cuisines. — 6, salle de police. — 7, prison. — 8, corps de garde.

tam-tam annonçant son décès. Un vieillard, remplissent l'office de
marabout ou de prêtre, demeure seul aux côtés du mort et lui transmet les regrets et les reproches des parents et amis assemblés autour

de la case. Il demande de l'eau-de-vie, dit le vieux, et, après en avoir versé dans la bouche du mort, il boit une forte rasade et passe la bouteille à ceux du dehors en les informant que telle est la volonté du défunt. Il est très rare que la demande d'eau-de-vie ne soit pas répétée trois ou quatre fois à un enterrement, après quoi, le vieux décide que l'homme sans mouvement veut réellement cesser de vivre, et doit être porté en terre.

Le soir de l'enterrement et le lendemain, le tam-tam est battu devant la case du mort. On se réjouit et on danse pour le bonheur du défunt dans l'autre monde.

Comme toutes les autres peuplades, les Mandiagos ont un dialecte particulier non écrit. Le leur est mélangé de portugais incorrect.

Les Yolas de la Cazamance sont remarquables par leur conformation physique, bien différente de celle de tous leurs voisins. Ils ont la taille moyenne, la face large et ronde, le front bas et fuyant, le nez aplati, les lèvres fort épaisses et les traits généralement grossiers. Leur teint est noir et moins foncé que celui des Mandingues et des Yolofs. L'ensemble de leur physionomie indique un état d'infériorité intellectuelle. Les hommes et les femmes ont les cheveux crépus, coupés ras. La propreté corporelle et l'habillement leur sont, à peu de chose près, inconnus. — Les femmes surtout sont d'une malpropreté repoussante.

Ils sont fétichistes et idolâtres. Leur habillement se compose de quelques morceaux de guinée à la ceinture. Ils portent comme parure au cou et aux membres de nombreux anneaux de cuivre et beaucoup de verroteries grossières. D'un tempérament paisible et doux, ils n'entreprennent jamais la guerre sans y être contraints par une attaque. Ils n'ont que très peu d'esclaves et n'en recherchent pas. Ce sont des travailleurs infatigables. Les Yolas de la Basse-Cazamance se livrent particulièrement à la pêche et à la culture du riz. Ils se nourrissent de riz, de poissons, d'hippopotame et de chien. Comme les Bambaras du Kaarta, ils élèvent ce dernier animal pour le manger.

Le 12 juillet 1881, nous avons été témoin, à Carabane, de l'enterrement d'un Yola, chef de famille. Les récits qui nous avaient été faits relativement à cette cérémonie parmi les Yolas de la Basse-Cazamance avaient éveillé notre curiosité.

La famille du défunt avait construit un dais en guinée au milieu d'un petit carrefour. Le mort, assis au fond sur une chaise et maintenu à un des soutiens du dais par une corde passée sous les aisselles, avait les yeux ouverts, un fusil dans la main droite et une lance dans la main gauche. Il portait ses plus beaux vêtements et ses colliers de cuivre et de perles. Au-dessus de sa tête étaient accrochées deux paires de cornes de bœuf, ce qui voulait indiquer qu'il était possesseur de deux de ces animaux. A ses pieds étaient étalés des étoffes, du fer, de la poudre, un couteau, des rames de pirogues et divers objets usuels, en un mot, tout ce qu'il possédait,

L'assistance, assez nombreuse, était assise ou agenouillée en face de lui. Chacun de ses proches l'interrogea sur les causes qui le faisaient renoncer à la vie, à ses richesses et à ses femmes. N'obtenant pas de réponse, les questionneurs se lamentèrent et pleurèrent, et tous se mirent à psalmodier très doucement; ensuite, il fut interrogé à nouveau et la même scène recommença ainsi pendant trois heures. Après, ses deux femmes lui présentèrent ses trois enfants et de la nourriture. Le même silence et la même immobilité persistant, on tomba d'accord pour reconnaître qu'il avait grand tort de quitter la vie et ses biens, et on en conclut qu'il voulait réellement mourir. On lui enleva ses vêtements et ses ornements et on l'enveloppa dans une pièce d'étoffe blanche, puis deux Yolas le portèrent en courant au cimetière, sur un brancard improvisé. Ses proches parents le suivirent et firent arrêter trois fois les porteurs dans leur course pour questionner encore le mort. Ses femmes, qui paraissaient très désolées, pleurèrent à chaudes larmes jusqu'au moment où le corps fut placé dans la fosse. La fosse avait 0m,70 de profondeur au plus, et était creusée dans un petit bois près de la mer.

Dans la Haute-Cazamance, nous avons assisté à l'enterrement d'une jeune femme yola, et la cérémonie a été à peu près la même que dans la Basse-Cazamance. La morte était étendue sur une natte, dans sa case. Ses verroteries et ses étoffes étaient placées près d'elle, et un griot frappait à coups redoublés sur un tam-tam. Les parentes ou amies réunies près de la case étaient complètement nues et récitaient un chant très bas, entrecoupé de sanglots et de cris. Elles pénétraient toutes, à tour de rôle, dans la case, où elles ne restaient que quelques minutes, et elles en ressortaient en pleurant. Au bout de quelques heures, le tambour cessa, et la morte fut enterrée sous bois après quelques évocations s'adressant aux fétiches de la forêt.

Les Yolas ont un langage presque totalement inconnu de leurs voisins. Réputés pillards autrefois et fortement attachés à leurs mœurs primitives, ils n'ont jamais vu leur alliance recherchée. Aujourd'hui encore, les émigrés yolas, au milieu de diverses populations, conservent leur fétichisme et leurs mœurs particulières, vivant pour ainsi dire isolés au milieu des autres.

Les rivières du Sud.

Notre deuxième étude sur les possessions françaises de la côte occidentale d'Afrique (Ouest-Nord), connues sous le nom générique de *Rivières du Sud*, comprend tout le littoral situé entre la possession portugaise du Rio-Grande, au Nord, et la possession anglaise des Scarcies, au Sud.

Les rivières du Sud sont placées sous l'autorité d'un lieutenant gouverneur, relevant du gouverneur du Sénégal et dépendances.

Ces rivières, qui se déversent toutes dans l'Atlantique, se trouvent indiquées sur la carte générale ci-annexée, et sont les suivantes :

1º Rio-Cassini,
2º Rio-Coupony,
3º Rio-Nunez,
4º Rivière Kappatchez,
5º Rivière Condéyéri,
6º Rivière Coundindi,
7º Rio-Pongo,
8º Rivière Bramaya,
9º Rio-Dubréka,
10º Rivière Tanéney,
11º Rivière Manéah,
12º Rivière Morébayah,
13º Rivière Béreiré,
14º Rivière Forécariah,
15º Rivière Tannah,
16º Rivière Mellacorée.

Les territoires arrosés par ces rivières, et par les cours d'eau qui leur sont tributaires, font tous partie intégrante du domaine colonial de la France.

Les États du Bramaya et du Lakata, qui, seuls avec le précédent, avaient conservé leur indépendance et leur neutralité au milieu des territoires soumis à notre protectorat, ont été annexés récemment par traités; et tous deux, ils ont reconnu les droits de suzeraineté et de souveraineté de la France.

Cet ensemble de territoires, d'un seul tenant, placés sous la protection française, constitue la plus riche et la plus commerçante des possessions dépendant du Sénégal.

Trois rivières du Sud sont occupées effectivement par la France : le Rio-Nunez, le Rio-Pongo et la Mellacorée.

De nombreuses missions scientifiques et commerciales ont parcouru le Rio-Nunez dans ces dernières années. Cette rivière doit conséquemment se trouver parfaitement connue; nous nous abstiendrons donc d'en parler dans cette étude.

Le Rio-Pongo, qui est devenu le centre de l'activité commerciale de ces parages, nous occupera plus particulièrement, ainsi que les importantes rivières voisines, Bramaya et Dubréka.

Les guerres désastreuses qui règnent encore entre les chefs indigènes de la Mellacorée ne nous laissent pas la possibilité d'entreprendre, en ce moment, une description de ces cours d'eau.

Nous attendrons, pour ce faire, l'apaisement des esprits, qui ne peut tarder de se manifester à brève échéance.

Très justement préoccupé des intérêts commerciaux et de l'avenir des rivières du Sud, nous croyons savoir que le conseil général de la colonie du Sénégal a voté une subvention annuelle de 75,000 francs pour l'établissement d'un service mensuel de correspondances entre ces rivières et Dakar.

Il est essentiel de mettre les rivières du Sud en communications directes et constantes avec le Sénégal, et nous croyons que l'excellente mesure adoptée par le conseil général portera bientôt ses fruits.

Les comptoirs français se sont retirés du Rio-Cassini il y a déjà plusieurs années, à la suite de quelques difficultés survenues avec les indigènes de cette rivière, appartenant à la même race que ceux de la colonie portugaise voisine du Rio-Grande.

Pour assurer le fonctionnement administratif des rivières du Sud, il y aurait lieu d'étudier s'il ne convient pas de distraire la Cazamance de l'autorité du lieutenant gouverneur, et de la placer, ainsi que cela a été fait pour le Saloum, sous l'action directe du gouverneur, cette rivière se trouvant être séparée de l'ensemble des possessions françaises par les établissements portugais du Rio-Cachéo, des Bissagos et du Rio-Grande.

La Cazamance a de très fréquentes communications avec Gorée, son port d'approvisionnement, et n'en a aucune avec les autres possessions françaises situées au Sud. Son commerce est entièrement français et uniquement en relation avec Gorée; un tribunal de conciliation et un tribunal correctionnel fonctionnent à Sedhiou, et sont présidés par le commandant du cercle. Une chaloupe à vapeur, le *Myrmidon*, exerce surveillance et protection sur la rivière; le fort de Sedhiou est aujourd'hui en parfait état, et sa garnison assez forte pour imposer silence aux turbulents; par ses facilités de communiquer avec le Sénégal et grâce aux éléments dont elle dispose, la Cazamance peut, sans aucun inconvénient, être séparée de l'autorité du lieutenant gouverneur.

Pour être efficace, l'action du lieutenant gouverneur doit pouvoir s'exercer du Rio-Grande aux Scarcies, c'est-à-dire sur toute la côte appartenant à la France, sans aucune interruption entre ces deux cours d'eau, sauf les îles de Loos, qui sont placées sous le protectorat anglais.

Tous les ans il se perd des navires sur le cours du Rio-Nunez, et de fréquents accidents se produisent aux barres des rivières fréquentées par les grands vapeurs et les voiliers.

Il serait très utile pour la marine marchande que ces barres et rivières fussent balisées et que l'hydrographie en fût relevée. Les rivières visitées par les grands navires sont les suivantes: Rio-Nunez, Rio-Pongo, Rio-Dubréka et Mellacorée.

A l'entrée de chacune de ces quatre rivières, il pourrait être installé des postes de pilotes, à raison de deux par poste à 40 francs par mois. Les droits d'entrée ou de sortie d'un navire peuvent être fixés à 25 francs; les voyages en rivière, à 25 francs par jour, sans aucun autre droit de pilotage.

L'installation de ces postes de pilotes doit comporter aussi l'établissement de mâts munis de fanaux pour le service de nuit.

Le Rio-Pongo.

1° *Navigabilité*. — Le Rio-Pongo est placé sous le 10° de latitude Nord et sous le 16° 24′ de longitude Ouest.

Il forme un delta de plusieurs embouchures accessibles aux navires, reçoit à gauche trois affluents, dont le plus important est le Fatalah. Il commence brusquement aux pieds des montagnes de Faringhia et de Bakoro, à 50 kilomètres seulement de la barre de sable.

Il reçoit aussi à Faringhia et à Sangha deux petits ruisseaux d'un très faible volume d'eau, improprement appelés les sources du Pongo.

Faringhia, Bakoro et Sangha se trouvent complètement à sec aux marées basses. Pour pénétrer dans ces trois localités ou en sortir, il faut profiter des marées hautes.

Le Rio-Pongo nous paraît être un estuaire recouvert par les eaux de la mer, et non un cours d'eau. Les rivières de Sombouron, de Baralandé, du Fatalah et de Banta se déversent dans son thalweg, sans modifier en rien le cours des marées, de bas en haut.

Les grands navires choisissent la barre de sable pour entrer dans le Pongo. Ils passent entre les îles de Quito et des Oiseaux. Dans ce passage ils trouvent des fonds variant de dix à quinze mètres, et devant Boffa un fond de dix-huit mètres.

Ces navires peuvent remonter le Pongo avec facilité jusqu'au point indiqué sur notre carte à un mille et demi en amont de Toukering, où ils ont un fond de six à huit mètres aux marées basses.

Quoique la barre de sable ne soit pas balisée, et malgré les accidents qui s'y produisent de temps à autre, nous avons vu entrer au Pongo des steamers de 1500 tonneaux de jauge.

Les vapeurs qui fréquentent habituellement le Rio-Pongo appartiennent aux pavillons français et anglais; les trois-mâts, aux pavillons allemand, italien, grec, suédois et danois.

Le Rio-Pongo se trouve ainsi correspondre directement avec les principaux ports de l'Europe: Marseille, Le Havre, Liverpool, Londres, Hambourg, etc.

Son mouvement de navigation, qui s'accentue chaque jour davantage, rend nécessaire une nouvelle reconnaissance hydrographique du delta, qui pourrait être faite par un des avisos de la station locale du Sénégal.

Les cartes hydrographiques du Pongo datent de 1830 et de 1859. Depuis leur établissement les barres ont subi des déplacements.

Il serait très utile d'installer un poste de pilotes à la pointe Observation, ou sur l'île Morérah. Pour se procurer des pilotes, les navires sont dans l'obligation d'aller en chercher aux îles de Loos ou à Sierra-Leone.

Il est urgent aussi de baliser la barre et le chenal du Rio-Pongo et de placer un feu au poste de pilotes à créer.

Les goélettes qui entrent au Rio-Pongo ou qui en sortent prennent de préférence la barre de vase. Cette voie est mieux connue des patrons indigènes.

C'est aussi par cette barre que les navires portugais de l'archipel des Bissagos se rendent chaque année dans le Koba faire leur chargement de noix de colats, sans remplir de formalités à la douane française de Boffa.

La barre de Taboria est peu profonde et ne peut livrer passage qu'à des côtres et grandes pirogues du pays.

La barre commune est fréquentée par les goélettes exportant les produits du Lakata. Cette barre donnait autrefois passage aux trois-mâts.

L'exportation faite par la barre commune, par la barre de Taboria, et une partie de celle faite par la barre de vase échappent au service de la douane de Boffa.

Les petites rivières de Soumbourou et de Baralandé, qui se jettent dans le Pongo au-dessus de l'île au Diable, prennent naissance aux collines de Loubamé, et elles ne sont navigables que sur une très faible étendue.

La rivière de Baralandé était visitée par les navires espagnols, portugais et américains au temps où florissait l'odieux commerce d'esclaves. Ces navires prenaient des chargements de chair humaine à l'établissement négrier de Baralandé, converti depuis près de 40 ans en ferme agricole par les descendants des anciens possesseurs.

Nous avons relevé plusieurs erreurs dans le *Manuel des instructions nautiques* à l'usage des capitaines de navires.

Il est dit dans ce Manuel « que Bangalong est le principal centre « de trafic au Rio-Pongo, que cette localité renferme un vaste établis-« sement negrier fortifié, où la traite des noirs se fait en grand et que « les croiseurs *anglais* devraient purger ce repaire ».

Ce qui précède pouvait être exact il y a une quarantaine d'années, alors que le pays était neutre. Mais depuis le traité de 1866, qui place le Rio-Pongo sous le protectorat de la France, Bangalong est français, comme toutes les autres parties des territoires du Congo.

Le village de Bangalong ne contient aucune trace de l'ancien établissement négrier américain; il ne s'y fait aucun commerce, quel qu'il soit. Il ne renferme plus que trois cases habitées par une dizaine de paisibles cultivateurs.

Depuis l'occupation française, et même un certain temps avant cette occupation, tous les établissements négriers ont successivement disparu, et ils ne ressusciteront jamais.

Il y a donc lieu de faire disparaître du *Manuel des instructions nautiques* les renseignements erronés qui s'y trouvent.

Le principal affluent du Rio-Pongo, le Fatalah, prend sa source à Dantégui, dans la province de Timbituani (Fouta-Djallon). Après un assez long parcours, il vient se jeter dans le Pongo par le travers de l'île au Diable.

Il n'y a que très peu de temps que cette importante rivière a été ouverte aux Européens.

Pendant la saison sèche elle peut être remontée jusqu'à Corérah par les petites goélettes. Le fond est de trois mètres devant ce point, c'est le plus faible depuis l'île au Diable.

Un peu au-dessus de Corérah, à Kobia, il existe un barrage de roches et des bancs de sable qui interceptent la navigation.

D'après les renseignements que nous avons obtenus à Mouraya, la rivière serait parsemée de rochers et de bancs sur une longueur égale à deux jours de marche, à partir de ce dernier point. Ensuite elle redeviendrait navigable jusqu'à ses sources, soit de huit à dix jours de navigation, et prendrait le nom de Nofonah.

L'autorité de Manga-Sangaré, roi du Fatalah, prend fin à Mouraya. Pour pénétrer plus avant sur la rivière, il faut se munir d'une autorisation des chefs de l'intérieur.

Dans la saison des pluies, c'est-à-dire du mois de mai au mois de novembre, la rivière Fatalah n'est praticable que jusqu'à Samencira.

Le grossissement des eaux dans cette période de l'année produit des rapides dangereux sur les points où les deux rives sont reliées entre elles par des rochers.

Le premier de ces rapides est situé à un demi-mille en amont de Samencira. La masse d'eau se brise avec force sur les rocs et produit un courant d'une extrême violence, qui se fait sentir bien au delà de Samencira.

De nombreux accidents se répètent chaque année à ce passage dangereux, surtout aux jours de pluie.

Pour le traverser on doit longer la rive gauche en montant la rivière, et la rive droite en la descendant.

Le deuxième est situé en face du village de Songoya. Il est produit par les forts courants des deux rives sur les extrémités rocheuses de l'île de Bambaya, qui occupent le lit de la rivière dans toute sa largeur.

On peut facilement le traverser en prenant vers la rive droite.

Le troisième rapide est placé entre cette rive et le milieu de l'île Bambaya. Passer exactement à son milieu; les bords de l'île et de la terre ferme sont hérissés de nombreux rocs.

Enfin le quatrième est situé en face le village de Lisso. Il mesure toute la largeur de la rivière, et son courant est assez violent. Pour le franchir aisément, il faut rester à une quarantaine de mètres de la rive droite; on trouve alors un passage de cinq à six mètres entre deux rochers.

La crue du Fatalah est de trois à quatre mètres dans le haut de la rivière, à Corérah par exemple, pendant l'hivernage. Elle accuse une élévation de niveau de un à deux mètres seulement au-dessous du rapide de Samencira.

L'action des marées se fait sentir jusqu'au barrage de Lisso pendant la saison sèche. Une embarcation à six nageurs, en profitant du flot, met de sept à huit heures pour se rendre de Boffa à Corérah.

Pour accomplir le même trajet pendant la saison des pluies, il faut mettre de quinze à vingt heures, le flot se trouvant entièrement annihilé par le courant inverse résultant de l'écoulement des eaux.

Lorsque le ruisseau de Sangha est grossi par les pluies, il forme, lui aussi, un rapide à l'endroit où il se jette dans le thalweg du Pongo, mais aux marées basses seulement. Aux marées hautes, ses eaux sont absorbées par le flot et ne produisent plus qu'un contre-courant peu dangereux.

En raison des dangers de navigation sur la rivière Fatalah, les fac-toreries du Rio-Pongo emploient au service sur cette rivière de grandes et larges embarcations à fond plat que les naturels savent très habilement diriger. La plupart de ces embarcations ont une capacité de vingt à trente tonneaux.

La rivière de Banta, ou plus communément appelée rivière des Hippopotames, à cause du nombre des pachydermes de ce genre qui l'habitent, prend naissance aux collines qui bordent le Fatalah, au dessous de l'île Bambaya.

Quoique d'assez grande largeur, cette rivière n'est praticable que pour les petites embarcations.

Le haut de la rivière se trouve à découvert aux marées basses.

L'aviso l'*Oriflamme*, de la division navale de l'Atlantique Sud, fut le premier navire de guerre français qui entreprit, en avril 1883, un voyage dans le haut Pongo. Plus tard, en janvier 1884, ce même navire entreprit aussi un voyage dans le Lakata.

Bien qu'étrangers à l'hydrographie, les voyages de l'*Oriflamme* ont néanmoins tracé la route aux bâtiments venant commercer dans le Pongo, et ils ont, de ce fait, rendu d'utiles services à la marine marchande.

2° *Géographie*. — L'aspect général du delta du Rio-Pongo ne donne qu'une idée imparfaite de la contrée.

Si les îlots formés par ce delta sont de véritables marécages couverts par la sombre verdure des palétuviers, sur lesquels émerge, par-ci par-là, la tête de quelque palmier, l'intérieur présente un tout autre aspect que celui du littoral.

Dès que l'on est parvenu sur le Rio-Pongo, son bassin apparaît nettement encadré de tous côtés par de hautes montagnes.

La chaîne des monts Sousous, que l'on voit à l'Est, se prolonge au Nord jusqu'au cap Verga, et au Sud jusqu'au mont Soumba, dans le Bramaya.

En face de Boffa, on remarque le mont Mayundi, d'une hauteur de 400 mètres. Cette montagne passe pour avoir été jadis un cratère. Elle sert de point de repère aux navires qui cherchent à entrer dans le Pongo.

Dans le haut du pays, on remarque les montagnes de Bakoro et de Faringhia et celle de Toumbetah, qui atteignent la même élévation que le mont Mayundi.

Quelques enthousiastes de cette partie du Rio-Pongo l'ont baptisée du nom de « Suisse de l'Afrique occidentale ».

Aux environs de Bakoro et de Faringhia on voit, en effet, de très pittoresques collines couvertes de rochers, d'où jaillissent quelques torrents pendant la saison pluvieuse.

Pour atteindre Bakoro, en suivant le chenal du Rio-Pongo, on borde une longue file de rochers rappelant, par leurs découpures étranges, les fiords de la mer d'Irlande.

Quelques-uns de ces rochers sont d'une taille gigantesque et affectent les formes les plus bizarres et les plus fantastiques. D'autres sont superposés les uns sur les autres, et paraissent être l'ouvrage de la main de l'homme.

Un de ces curieux rochers, isolé des groupes, se trouve à Faringhia, au milieu du lit du Pongo, en face de la factorerie de Mme Marsden. Il est formé de 7 piliers d'égale hauteur, surmontés d'un bloc absolument plat, ce qui lui donne les apparences d'un temple.

Ces étranges formations sont attribuées à une convulsion terrestre qui se serait accomplie il y a trois ou quatre cents ans.

De plusieurs vieux chefs du Fouta-Djallon nous avons recueilli la version que la grande rivière (c'est ainsi qu'on appelle le Rio-Pongo dans l'intérieur du Fouta-Djallon) allait jusqu'aux environs de Timbo, à un temps très reculé. Des blancs s'étaient avancés, avaient bâti des maisons et pris les habitants, qu'ils envoyaient au loin sur leurs navires. Les marabouts conjurèrent Dieu de punir ces blancs, et par un tremblement de terre il supprima la grande rivière.

La conformation physique de la contrée peut autoriser la supposition qu'un tremblement de terre a en effet détourné ou supprimé le cours supérieur du Rio-Pongo dans la région des hauts plateaux.

Le récit des vieux chefs du Fouta nous a été confirmé en son entier par la famille d'Ahmadou, sultan de Timbo, fidèle gardienne de l'histoire du Fouta-Djallon.

Ainsi que nous le disons au début de cette étude, le Rio-Pongo n'est ni un fleuve ni une rivière, mais bien un bras de mer, un estuaire ou thalweg envahi par les eaux.

Comme sur les bords de la mer, les deux rives du Rio-Pongo sont bordées de palétuviers jusqu'à ses deux points terminus.

Les rivières de l'Afrique occidentale possèdent généralement une *île au Diable*. Le Rio-Pongo a aussi la sienne et une légende sur cette île.

L'île au Diable est placée à l'entrée de la rivière Fatalah. C'est un rocher de 200 mètres de longueur sur 150 de largeur, il est entièrement couvert de broussailles.

La légende dit que nul ne peut mettre le pied sur l'île sans être frappé de mort subite. Cette croyance est tellement répandue parmi les naturels fétichistes et chrétiens, qu'il est impossible d'en trouver un seul acceptant de vous débarquer dans l'île.

A 200 mètres à l'est de l'île au Diable se trouve un petit rocher qui est découvert aux marées basses et que nous indiquons sur notre carte par un point noir.

Les indigènes se signent en passant devant ce rocher, qui a le don de se mouvoir et de venir foudroyer chez eux les audacieux qui ne rendraient pas hommage à sa puissance.

On cite des exemples de morts survenues par la vengeance du Diable, qui anime le rocher, et nous tenons d'un grand nombre de Sousous qu'ils ont vu de leurs yeux cet extraordinaire rocher se transporter tantôt d'un côté, tantôt d'un autre, et même entrer dans les cases.

Malgré tout ce qu'il y a d'absolu dans la conviction et les témoignages des indigènes du Rio-Pongo, nous attendons la visite, que ne peut manquer de nous faire ce sujet de nouveau genre, pour nous prononcer sur ses aptitudes pédestres.

La rivière Fatalah, qui n'était indiquée sur les cartes que comme un ruisseau prenant ses sources aux montagnes de Faringhia, dans le voisinage, est un cours d'eau de longue étendue, puisque du point le plus éloigné qu'il nous ait été possible d'atteindre, c'est-à-dire Mouraya, il faut encore 10 à 12 jours de navigation pour parvenir aux sources dans le Foutà-Djallon.

De l'île au Diable jusqu'à Lisso, le Fatalah a une largeur de 4 à 500 mètres. De Lisso à Mouraya, il conserve une largeur moyenne de 250 mètres.

Des palétuviers de haute taille bordent les rives du Fatalah jusqu'à la hauteur de l'île Bambaya.

La végétation de cette petite île est remarquablement belle. Les bords de la rivière changent d'aspect; de magnifiques bouquets d'arbres succèdent aux sombres et uniformes palétuviers, et chacun des nombreux détours de la rivière offre un paysage admirable à l'œil du voyageur.

Encaissé entre deux lignes de hautes collines boisées, d'où se dé-

tachent de temps à autre les jaunes sommets des cases inondés de
soleil, le Fatalah, avec ses capricieuses sinuosités et ses riches bor-
dures d'arbres et de plantes en fleurs, présente l'aspect le plus sédui-
sant que l'imagination puisse rêver.

Au moment de son indépendance, la contrée du Rio-Pongo n'avait
qu'un seul article de commerce : les esclaves! Des établissements
négriers fortifiés étaient établis à Sangha, Falinghia, Bangalong,
Faringhia et Baralandé.

Tous ces établissements ont été détruits depuis de longues années,
et leurs vieux canons reposent tranquillement sur la terre.

Les fermes agricoles de Faringhia et de Baralandé, appartenant à
MM. S. Leigtbourn et Th. Leigtbourn (descendants d'une ancienne
famille française chassée par l'édit de Nantes), ont seules conservé
quelques canons montés sur affûts. Mais ceux-là aussi dorment pai-
siblement, et ils ne sortent de leur somnolence que pour annoncer
une fête dans la famille.

Les navires négriers échangeaient surtout des munitions de guerre
contre des esclaves. De là, sans doute, la profusion de vieux canons
que l'on rencontre dans chaque village, et qui indique suffisamment
toute l'importance que l'abject commerce d'esclaves avait prise dans
le pays.

Les communications du Rio-Pongo avec le Fouta-Djallon limitrophe
sont assurées par plusieurs routes parfaitement connues et suivies.

Les chefs des pays à traverser sont doux et bienveillants, et quelquefois escortent eux-mêmes les caravanes de l'intérieur jusqu'à
Boffa.

Nous indiquons ci-après l'itinéraire de la route la plus fréquentée
par les caravanes venant de Timbo, capitale du Fouta-Djallon.

Bien que cette route ne soit pas la plus courte, elle offre du moins
de sérieuses garanties de sécurité aux trafiquants.

Route de Timbo à Boffa.

PROVINCE DE TIMBO.

De Timbo à Doubel	2	heures de marche;
De Doubel à Porédaka.	5	—
De Porédaka à Foubouya	3	—
De Foubouya à Yambouria	3	—

FOUTA-DJALLON (*Province de Timbi*).

De Yambouria à Tiériré	4	—
De Tiériré à Timbi	6	—
De Timbi à Garaya	2	—
De Garaya à Orétouma	6	—
D'Orétouma à Doupanyé	5	—
De Doupanyé à Laïssounouma.	4	—
De Laïssounouma à Dantéguy.	5	—
De Dantéguy à Danboulepellé.	4	—
De Danboulepellé à Dolonki.	1	—
De Dolonki à Lapha	5	—
De Lapha à Oréméro	2	—
D'Oréméro à Consoutami	5	—

PROVINCE DE BAMBAYA.

De Consoutami à Souboundou.	3	—
De Souboundou à Dakakoura	3	—
De Dakakoura à Bambaya.	2	—
De Bambaya à Dantari.	2	—
De Dantari à Dara.	2	—
De Dara à Kankérabou	2	—
De Kankérabou à Télébou.	5	—

RIO-PONGO.

De Télébou à Cocoroto.	4	—
De Cocoroto à Laconta.	4	—
De Laconta à Lonki	3	—
De Lonki à { Bakoro / Faringhia }	3	—
De Bakoro à Boffa.	3	—
	100	heures.

Soit un total de cent heures pour effectuer le voyage de Timbo à Boffa.

Les caravanes marchant rarement plus de six heures par journée de vingt-quatre heures, mettent ainsi de seize à dix-sept jours pour arriver aux comptoirs du Rio-Pongo.

Quelques caravanes effectuent ce trajet en dix ou onze jours, avec une marche journalière moyenne de neuf à dix heures. C'est le maximum qu'elles puissent fournir.

Cette route est coupée en plusieurs endroits par des ruisseaux, mais on trouve généralement des pirogues ou des ponts pour les traverser. Les ponts sont constitués par un ou deux gros troncs d'arbres jetés en travers des ruisseaux.

La seconde route, très fréquentée aussi, est celle qui aboutit à Corérah, dans le haut Fatalah. Elle est particulièrement suivie par les caravanes du Kébou et du Labé, qui arrivent en grand nombre aux comptoirs du Fatalah, depuis que cette rivière a été ouverte au libre commerce.

Une troisième route conduit de Timbi à Colisoco et Lakata. Cette dernière s'est trouvée délaissée par les caravanes durant les guerres du roi du Rio-Pongo.

La population indigène du Rio-Pongo est évaluée à 30,000 habitants.

La population européenne et d'origine européenne est de 250 habitants environ.

Les principaux centres du Rio-Pongo sont : Boffa, chef-lieu de cercle, Dominghia, Sangha, Bakoro, Faringhia et Falinghia.

Ceux du Fatalah sont Corérah (ce qui, en langue sousou, veut dire : en haut), Tamia, Lisso et Bassaya.

Le poste français de Boffa consiste en un petit pavillon de cinq pièces, insuffisant aux services du gouvernement et au logement du personnel.

C'est le seul poste de la colonie du Sénégal qui ne soit pas fortifié. Depuis 1884 seulement, son personnel a été augmenté par une petite force armée. Avant cette date, il n'avait pas un seul homme de troupe.

Il est urgent de compléter l'installation de ce poste par un mur d'enceinte en maçonnerie, et de construire un baraquement pour le logement de la garnison, si elle doit rester européenne. Le dessin ci-contre représente le poste de Boffa.

Le service des cultes est très largement représenté au Rio-Pongo.

Trois missions protestantes, relevant du bishop (évêque) de Sierra-

Léone, sont établies depuis de longues années à Dominghia, Faringhia et Falinghia.

Une nouvelle mission protestante doit s'ouvrir prochainement à Corérah.

Les pasteurs qui dirigent ces missions, d'ailleurs parfaitement tenues, sont des sujets anglais.

Les enfants sont admis comme externes dans ces établissements, où ils reçoivent l'instruction en langue anglaise exclusivement. Le nombre de leurs élèves est de cent environ.

Les missions catholiques sont aussi au nombre de trois et relèvent du préfet apostolique romain de Sierra-Leone. Elles se sont fondées à Boffa depuis huit ans; à Sangha et à Faringhia depuis quelques années seulement.

Nous croyons savoir que deux autres missions catholiques doivent s'établir sous peu de temps à Corérah et à Thia; cette dernière serait administrée par des sœurs.

Les missionnaires dirigeant les missions catholiques appartiennent à l'ordre du Saint-Esprit et du Sacré-Cœur de Marie.

Dans les établissements catholiques les enfants sont reçus comme internes. L'instruction leur est donnée en langue anglaise et en langue française.

De plus, ils cultivent les jardins et les plantations, réparent les constructions, en un mot entretiennent les missions sans le secours d'aucun ouvrier. Ils font aussi le service de canotiers à bord des embarcations des missionnaires.

A part quelques chefs, la population préfère confier ses enfants aux pasteurs protestants, qui se bornent à leur donner l'instruction.

Il est nécessaire de réglementer le programme d'instruction des missions du Rio-Pongo. L'enseignement devrait y être donné en français, par toutes les missions sans distinction.

Il serait désirable que dorénavant, pour être admis à pratiquer et professer, les établissements de cultes et d'instruction soient pourvus d'une autorisation du gouverneur du Sénégal.

Le climat du Rio-Pongo est généralement sain. La contrée s'est trouvée préservée jusqu'ici des épidémies qui ont sévi à différentes reprises dans les colonies voisines.

L'hivernage, ou saison des pluies, commence ordinairement dans les premiers jours du mois de mai, et il se termine à la fin du mois de novembre. Les mois de juillet, août et septembre sont particulièrement très pluvieux.

La température habituelle moyenne des pays du Rio-Pongo est de 29° à l'ombre. Pendant les plus fortes chaleurs cette température s'élève à 35° ; cette élévation est rarement dépassée.

3° *Productions.* — Les principales productions de la contrée du Rio-Pongo sont . les noix de colats, les amandes de palme, l'huile de palme, les arachides, le riz, les sésames, la cire, le miel, etc.

On y récolte aussi de très beaux fruits : bananes, mangots, oranges, citrons, papayes, etc.

Les naturels du Rio-Pongo ont peu de goût pour la culture, d'ailleurs rendue difficile par les institutions du pays, qui ne permettent pas la vente des terrains.

Quoi qu'il en soit, ce sont les femmes qui travaillent la terre et qui assurent ainsi la subsistance de la famille. L'excédent de récolte, quand cela se présente, est vendu au commerce.

Les hommes recherchent des occupations de manœuvres dans les actoreries ou s'embarquent comme matelots sur les bateaux. Nous ne voulons parler ici que des hommes libres qui ne sont pas propriétaires.

La plus grande occupation de ces derniers consiste à se bercer mollement sur un hamac et à palabrer depuis le matin jusqu'au soir.

Lorsque les provisions de riz et d'arachides sont épuisées, les femmes et esclaves ne cultivant jamais plus que pour assurer le strict nécessaire, les indigènes vivent du fruit des mangotiers, très abondants dans la région. Si ceux-ci sont épuisés à leur tour, ils s'adonnent à la pêche ou à la chasse, mais le plus souvent ils demandent à la mendicité (*bougnia*) ou au vol le soin de pourvoir à leur existence.

Le sol est cependant fécond, et sans la paresse des naturels il leur procurerait de très grandes ressources.

Dans le haut du pays et dans le Fatalah, où les institutions sont différentes et les indigènes sagement dirigés, chaque agriculteur est possesseur du terrain qu'il défriche et vit ainsi, dans une aisance relative, du produit de ses cultures .

La culture des arachides paraît être délaissée des indigènes, en dehors de la quantité nécessaire à leur alimentation. C'est pourtant une graminée demandant peu de soins et d'un rapport assez fructueux.

La région humide et chaude se prêterait plus volontiers aux cultures de riz. Malgré sa couleur jaune, le riz récolté au Rio-Pongo est d'excellente qualité; il forme la base de la nourriture des Sousous, et cependant il n'est que très peu cultivé.

Pour subvenir aux besoins de la population, le commerce du Rio-Pongo fait venir tous les ans de très grandes quantités de riz de la rivière Sherbroo.

La cassave, qui ne demande aucun soin d'entretien, est cultivée au Rio-Pongo et sert aussi à l'alimentation.

Le caféier croît à l'état sauvage dans le haut pays et aussi dans le Fouta-Djallon. Les caravanes qui se rendent aux comptoirs du Rio-Pongo apportent les graines qu'elles recueillent pendant leur marche.

Ce café est appelé Rio-Nunez, nous ne savons exactement pourquoi. On le trouve aussi dans tous les comptoirs des autres rivières du Sud. On s'accorde à lui reconnaître une qualité supérieure.

Quelques tentatives de culture de ce café ont été faites au Rio-Pongo et au Fatalah; mais elles ont échoué devant la mauvaise volonté des indigènes, qui éprouvaient une répugnance invincible à travailler en vue de l'avenir.

Le dédain des Sousous à l'égard de ce précieux arbuste les prive d'une ressource avantageuse que la nature du sol leur garantit.

Dans la République de Libéria on cultive le caféier avec un plein succès. Les navires du Brésil et des autres parties de l'Amérique du Sud viennent y prendre des cargaisons de jeunes plants, qu'ils achètent 2 dollars chacun.

La pourghère, dont le fruit fournit une huile pour machines, pousse aussi à l'état sauvage dans toute la contrée.

Afin de développer le goût de cette culture, des plus faciles, le conseil général de la colonie du Sénégal a accordé des primes annuelles aux agriculteurs.

Une immense plantation de pourghère a été commencée à Faringhia, et nous pensons que cet exemple sera imité sur d'autres parties de la région.

La vigne est très commune dans la contrée, où elle pousse partout à l'état inculte. Les raisins sont petits et très serrés en grappe ; à leur maturité ils prennent une couleur rougeâtre et ont un goût d'amertume assez prononcé.

Le cotonnier n'est pas non plus cultivé. On le rencontre à peu près partout. Les femmes le recueillent aux environs de leurs cases, le peignent avec des cardes à main, et le filent ensuite pour fabriquer des pagnes.

Le palmier est considéré, à juste raison, comme un des plus précieux arbres de la région ; aussi est-il l'objet de soins permanents de la part des indigènes, qui retirent de cet arbre, selon ses variétés : des amandes, de l'huile, de la boisson et de la nourriture. Ses feuilles elles-mêmes sont utilisées pour les couvertures des cases.

Dans le Lakata, on trouve un arbre à caoutchouc qui fournit un produit très estimé dans le commerce. On y trouve aussi le bambou et le rotang, qui peuvent utilement servir à l'industrie des meubles. Ces deux variétés se rencontrent encore à Mokéta, sur le Fatalah et dans la rivière de Baralandé.

Le colatier, que les Sousous appellent l'*arbre d'or*, est l'arbre sacré et vénéré. Les lois du pays punissent de mort tout individu qui commettrait une détérioration à un de ces arbres.

Tous les colatiers sont chargés de gris-gris, bien en vue, pour en éloigner les malintentionnés. Ils sont assez rares au Rio-Pongo, mais ils se trouvent en quantité considérable dans le Koba et le Lakata. Ils donnent ordinairement deux récoltes par année.

La production annuelle moyenne de ces deux pays peut être estimée à 600 tonneaux de noix de colats, qui approvisionnent les marchés de Freetown et de Bolama directement. Le marché de Saint-Louis n'est approvisionné que par ces deux intermédiaires.

Le plus grand plaisir que l'on puisse faire à un chef nègre, c'est de lui offrir des noix de colats. La couleur des fruits offerts a pour lui une importante signification. Les colats blancs signifient : amitié ou sympathie ; et les rouges, aversion ou antipathie.

Entre rois de la côte d'Afrique, la réception d'un colat rouge équivaut à une déclaration de guerre de la part de l'envoyeur.

La contrée renferme, en outre, une très grande variété de plantes médicinales et tinctoriales. On remarque que tous les habitants connaissent à merveille l'application et les effets des plantes sur les hommes et sur les animaux.

Toute la région du haut Fatalah est bien cultivée. A voir les champs régulièrement séparés par des lignes droites, on pourrait se croire transporté au milieu des belles cultures de la Beauce.

Les indigènes qui habitent ce pays sont de très laborieux cultivateurs. Guidés avec soin par leurs chefs, ils ont avantageusement remplacé les broussailles inutiles par des plantations de sésames et d'arachides.

Soit par suite de la mollesse des habitants, soit aussi en raison des institutions existantes, et surtout du trouble jeté dans l'esprit des agriculteurs du Rio-Pongo par les guerres et les pillages quotidiens des chefs de Thia, le Rio-Pongo ne produit rien ou presque rien depuis dix ans.

Toutes les productions livrées au commerce proviennent du Fatalah, du Lakata, du Koba et du Fouta-Djallon.

On trouve des poulets chez presque tous les indigènes. Le bétail est assez rare, les bœufs et les moutons sont apportés du Fouta.

Le cheval est un animal presque inconnu au Rio-Pongo.

La faune est représentée, au Rio-Pongo, par les singes gris des mangliers et les cynocéphales-papions. C'est à tort que certains voyageurs indiquent le chimpanzé comme habitant les forêts du Rio-Pongo; ces voyageurs ont vu des chimpanzés dans les comptoirs commerciaux, sans rechercher leur origine. Ils sont achetés aux caravanes foulâhs qui connaissent la valeur de ces animaux. Les léopards et les panthères sont assez nombreux dans tout le pays.

Le pigeon, la perdrix, le lièvre et la biche composent à peu près tout le gibier susceptible d'être chassé.

Les eaux du Pongo contiennent en abondance des poissons, de très grosses crevettes appelées sagnas et des huîtres.

La chaux à blanchir et à bâtir est obtenue en assez grande quantité dans le haut du pays et dans le Lakata.

Les indigènes obtiennent aussi une sorte de savon qu'ils nomment *souboungui*, et qui sert au lavage de leurs étoffes. Ils fabriquent cette matière avec des cendres et les feuilles cuites du baobab, du bentenier et du bananier.

Le sol, très volcanique par endroits, contient une certaine quantité de minerai de fer. Pour le séparer de la pierre, les habitants font usage de fours creusés sous terre, où les minéraux restent en fusion pendant quelques jours.

Il nous a été rapporté que la contrée renfermait aussi des minerais d'or et d'argent, et que du charbon de terre avait été trouvé dans les environs de Dolidaki.

Quant à présent, nous pouvons affirmer l'existence du minerai de fer sur différents points où nous avons pu le constater. Nous nous bornons à ne mentionner la présence d'autres métaux que comme indications à nous transmises.

Nous tenons, d'autre part, de plusieurs chefs supérieurs, que le Fouta-Djallon et le Rio-Pongo renferment des terrains aurifères connus, mais qu'ils en empêchent l'exploitation afin de ne pas provoquer une perturbation dans l'état social des indigènes.

4° *Commerce.* — Les commerçants et traitants français qui étaient établis au Rio-Pongo il y a une dizaine d'années se trouvaient à la merci entière des chefs et des indigènes.

Ils appelèrent l'attention du gouvernement colonial de Saint-Louis sur l'état des choses, et, le 15 février 1876, le traité suivant est intervenu entre la France et le roi du Rio-Pongo :

TRAITÉ AVEC LE RIO-PONGO.

Au nom de la République française,

Et en vertu des pouvoirs qui nous ont été délégués par M. le Gouverneur du Sénégal et dépendances,

Nous, Henri Canard, lieutenant-colonel de cavalerie, officier de la Légion d'honneur, commandant le 2ᵉ arrondissement du Sénégal, avons conclu le traité suivant avec le Roi du Rio-Pongo :

Art. 1ᵉʳ. — Le Roi du Rio-Pongo déclare placer son pays sous la suzeraineté de la France.

Art. 2. — Le Gouverneur du Sénégal reconnaît John Gatty comme roi du Rio-Pongo et lui promet aide et protection.

Art. 3. — Le commerce se fera librement et sur le pied de la plus parfaite égalité entre les sujets français ou autres, sous la protection de la France, e les indigènes.

Le Roi du Rio-Pongo, toute sa famille et tous les chefs influents de la rivière s'engagent à ne gêner en rien les transactions entre vendeurs et acheteurs, à ne jamais intercepter les communications avec le haut pays et à n'user de leur autorité que pour protéger le commerce, favoriser l'arrivage des produits et développer les cultures.

Art. 4. — Les commerçants français qui voudront s'établir dans le Rio-Pongo pourront choisir tel emplacement qui leur conviendra, sauf à s'entendre avec les propriétaires du sol, pour louer ou acheter le terrain dont ils auront besoin. Les contrats de vente et de location seront enregistrés au poste de Boffa.

Art. 5. — En aucune circonstance et sous quelque prétexte que ce soit les opérations commerciales d'un traitant ne pourront être suspendues par ordre des chefs indigènes.

En cas de contestation entre un sujet français et un chef du pays, l'affaire sera jugée par le représentant du Gouverneur, d'accord avec le Roi, sauf appel devant le chef de la colonie.

Le Roi du Rio-Pongo s'engage à faire exécuter, suivant les lois de son pays, les jugements rendus contre ses sujets. Les jugements rendus contre les sujets français ou autres sous la protection de la France seront exécutés par les soins du Gouverneur du Sénégal.

Art. 6. — Le Roi du Pongo s'engage à préserver de tout pillage les bâtiments qui viendraient à faire naufrage dans la rivière, quelle que soit leur nationalité.

Art. 7. — Sauf les redevances que le Roi et les propriétaires du sol continueront à percevoir sur les traitants établis à terre, à titre de location pour les terrains qu'ils occupent, il ne sera exigé ni par le Roi, ni par aucun chef de la rivière, aucun droit, aucune coutume ni aucun cadeau.

Les droits d'ancrage continueront à être perçus par le Gouvernement français.

Art. 8. — Le roi John cède en toute propriété, et sans aucune redevance, au Gouvernement français, tout le terrain nécessaire pour installer convenablement le commandement et l'administration du Rio-Pongo. Ce terrain est indiqué sur le plan annexé au présent traité par une ligne bleue.

Art. 9. — Afin de donner une position indépendante au Roi du Pongo, position qui lui permettra d'assurer, en ce qui le concerne, les stipulations du présent traité, le Gouvernement français s'engage à lui payer annuellement, à titre de pension, une somme de cinq mille francs.

Art. 10. — A l'avenir, le présent traité servira seul de base aux relations entre le Gouvernement français et le Rio-Pongo.

Toutes les conventions ou traités antérieurs sont abrogés.

Fait et signé en triple expédition au poste de Boffa, le 15 février 1876.

Signé : H. CANARD et JOHN CATTY.

Ce traité mit fin momentanément aux mesures vexatoires que le roi et ses frères employaient vis-à-vis de nos nationaux et protégés, et de nouveaux commerçants et traitants vinrent s'établir en grand nombre dans le pays.

La rente annuelle de 5,000 francs que le roi reçoit du gouvernement français ne l'empêcha pas d'en recevoir également une du gouvernement anglais de Sierra-Leone, scrupuleusement servie depuis 1845 jusqu'en août 1883, en vertu d'une convention de ce gouvernement avec un des prédécesseurs de ce roi.

L'ancien traité de 1866, passé entre la France et le roi Mathias Catty, fut simplement modifié par celui du 15 février 1876, qui apporta une certaine détente dans l'esprit des chefs, mais ne les soumit pas à la renonciation de leurs prérogatives dans les cas intéressant nos nationaux.

La propriété du sol devrait pouvoir être acquise par ces derniers afin d'installer leurs établissements commerciaux d'une façon définitive et durable.

La location de terrains, seule autorisée par les lois sousous, engendre des difficultés. Au propriétaire du terrain loué viennent se joindre les voisins, le chef de village, les ministres, le roi, etc., pour réclamer au commerçant des droits de redevance; de telle sorte que la redevance annuelle souscrite en faveur du véritable propriétaire se trouve être dix fois dépassée par les exigences de tous.

L'article 5 ne donne pas davantage satisfaction au commerce. Jamais le roi ne s'est trouvé et ne se trouvera d'accord avec le représentant du gouvernement français pour punir un de ses sujets coupable. D'abord, la justice du roi et son autorité sont illusoires; et ensuite, il est difficile d'admettre que sur un territoire où la France exerce sa suzeraineté et son protectorat, son représentant puisse juger et faire exécuter ses jugements d'après les lois des indigènes, si contraires aux nôtres.

Les cercles de Bakel, de Dagana et de Sédhiou sont dotés, depuis vingt ans, de tribunaux de conciliation; et cependant ces cercles sont beaucoup moins importants que ceux du Rio-Pongo et du Rio-Nunez, où se trouvent plusieurs centaines d'individus d'origine européenne et un plus grand nombre de sujets étrangers des colonies voisines.

Ces deux catégories sont placées sous la protection de la France; souvent elles ont à débattre avec les chefs et les indigènes des intérêts, qui, dans l'état actuel, ne peuvent être résolus.

Il y aurait un sérieux avantage à créer dans chacun des cercles du Sud un tribunal de simple police et de conciliation, présidé, comme dans les cercles que nous avons cités plus haut, par le commandant du cercle, auquel seraient adjoints deux assesseurs choisis parmi les citoyens français résidant dans le pays.

La création de ces tribunaux ne serait que la mise en application de ce qui existe déjà sur certains territoires de la colonie du Sénégal, et elle n'entraînerait absolument aucune dépense pour l'État ou pour les intéressés, les fonctions n'étant pas rétribuées et la procédure gratuite.

Aux termes d'un décret du 1er avril 1863 et d'un arrêté du gouverneur du Sénégal du 23 mai de la même année, les commandants de cercle remplissent les fonctions de juges d'instruction sur les territoires de leur commandement.

Ce même décret institue aussi à Bakel (haut Sénégal) et à Sédhiou (Cazamance) des tribunaux correctionnels.

Ce serait répondre aux besoins des Rivières du Sud, en raison de leur éloignement du Sénégal et des frais onéreux qui résultent du transport des prévenus et des témoins à Gorée, que d'instituer un tribunal correctionnel et de première instance près la résidence du lieutenant gouverneur. Ce tribunal, non rétribué, devra connaître de tous les crimes et délits commis dans les Rivières du Sud; il connaîtra aussi des causes commerciales qui ne seraient pas de la compétence des tribunaux de conciliation.

Les causes criminelles seront, comme par le passé, déférées à la Cour de Saint-Louis.

Nous avons dit que le traité de 1876 avait apporté un calme momentané nécessaire au commerce; rien d'ailleurs n'avait été changé dans la composition du personnel gouvernemental au Rio-Pongo : un commandant de cercle, absolument seul, résidait à Boffa, dans une maison non close, bâtie sur un terrain public.

Ce n'est que depuis un an seulement qu'il a été possible au commandant d'alors d'entourer, par une palissade, le terrain appartenant à la France.

La mauvaise volonté du roi, nous devons dire, pour être plus exact, la mauvaise volonté de ses deux frères et ministres, Ben et Jean-Jacques Catty, car le roi lui-même ne prit jamais part aux affaires, commença à se manifester un an après la signature du traité.

Les ministres reprirent la ligne de conduite qu'ils observaient avant 1876, en portant la guerre chez leurs voisins plus faibles, dans le Koba et dans le Lakata; et ils recommencèrent à piller les caravanes foulahs et les embarcations du commerce.

Pendant les années 1880 et 1881, ils interdirent les échanges, écrasèrent les factoreries d'impôts de toutes sortes, les fermèrent ensuite avec menace d'être pillées si elles se livraient aux transactions, et menacèrent même de mort plusieurs sujets européens.

Les représentations et les protestations de tous les commandants de cercle qui se sont succédé à Boffa n'étaient point écoutées. Ces fonctionnaires, entièrement abandonnés à eux-mêmes, ne pouvaient élever la voix en faveur du respect dû au traité, sans être immédiatement injuriés par les ministres, frappés même par la populace. (La correspondance de chacun de ces fonctionnaires au commandant du 2e arrondissement, à Dakar, en témoigne.)

Sûrs de l'impunité, dont ils avaient joui de tout temps, les ministres du roi s'étaient enhardis et ne connaissaient plus de bornes; nous les obligeâmes tout d'abord, dès notre arrivée au Rio-Pongo, à lever immédiatement l'interdiction de vente des produits (toungui), qui durait depuis près d'un an.

Quelques mois après, en novembre 1882, ils organisèrent de nouveaux pillages dans le Lakata. La convention du 3 mai 1883 vint heureusement mettre un terme à leurs agissements et les plaça dans l'impossibilité de nuire désormais au commerce.

Deux lettres du roi et des ministres, de la même date, confèrent au gouvernement français le droit de choisir et de nommer le roi, de bâtir des forts et de placer des garnisons au Rio-Pongo, en lui accordant gratuitement tout le terrain nécessaire.

Des violences et des voies de fait ayant été exercées par les gens du roi sur le commandant du Rio-Pongo et sur le commandant de l'aviso de guerre l'*Oriflamme*, qui, tous deux, venaient d'opérer la pacification du pays, à laquelle les ministres étaient systématiquement opposés, le roi et les ministres du Rio-Pongo durent, par punition, nous abandonner gratuitement deux cents mètres de terrain, autour de celui concédé à la France par le traité du 15 février 1876 (acte additionnel à ce traité en date du 19 janvier 1884).

Les factoreries fixées dans la contrée du Rio-Pongo sont les suivantes :

1° Compagnie du Sénégal et de la côte occidentale d'Afrique, à Guéméyéré (française),

Avec sous-factoreries à Boffa, Tonkéring, Bakoro, Sangha, Corérah, Sobanch, Condéyéri, Lakata, Taboria, Catia;

2° M. Beynis, à Dondelfanguié (française);

3° M. Ismaël-Mélamine, à Dominghia (française),

Avec sous-factoreries à Bakoro (deux) et à Kakara;

4° MM. Randall et Fisher à Dominghia (anglaise),

Avec sous-factoreries à Sangha, Faringhia, Corérah, Tamia, Falinghia, Médina, Cassembia et Taboria;

5° Compagnie de Matacong et de l'Ouest de l'Afrique à Boffa (anglaise),

Avec sous-factoreries à Bakoro, Corérah, Catia et Cassembia.

Cette compagnie possède aussi une factorerie dans l'île de Matacong, près l'embouchure de la rivière Mellacorée;

6° Mme Marsden à Colabui (anglaise),

Avec sous-factoreries à Touboya et à Faringhia;

7° M. Hiller à Countonlou (anglaise),

Avec sous-factorerie à Condéyéri;

8° M. William Israël à Cokayah (allemande),

Avec sous-factoreries à Faringhia, Bakoro, Corérah et Cassembia.

Chacune de ces factoreries entretient en outre des traitants dans les villages importants. Ces employés sont recrutés à Sierra-Leone.

Un certain nombre d'anciens traitants sont à la tête de petits établissements leur appartenant.

La maison anglaise Patterson et Zacconis, de Sierra-Leone, et la maison allemande Kolen et Cie, de Bolobiné (Conakry), doivent prochainement fonder des factoreries au Rio-Pongo.

Les articles de fabrication européenne servant aux échanges avec les indigènes et les caravanes foulhas sont les suivants : les tissus de coton et de laine, unis et façonnés (le coton uni en pièces de 24 yards, dit américain, est tout particulièrement bien vendu), le madapolam, les madras, la guinée, les armes, la poudre, les spiritueux, la quincaillerie, les faïences, l'ambre, les verroteries, le tabac en feuilles, la parfumerie, le sel, etc.

La plupart de ces articles sont d'origine anglaise et allemande. La qualité des produits français est appréciée par les indigènes ; mais ces produits sont d'un prix plus élevé que leurs similaires étrangers, et naturellement beaucoup moins demandés.

Les longs fusils, dits Birdings, de provenance belge et anglaise, avec la monture peinte en rouge ou en noir, se vendent aux caravanes beaucoup mieux que toutes les autres armes. Ces fusils leur sont vendus 25 francs.

Sauf les spiritueux, les caravanes foulahs achètent tous ces articles en échange des produits naturels de l'intérieur : l'or pur, le caoutchouc, le café, le beurre végétal, les bestiaux, les cuirs, et quelques autres produits moins importants.

Ces caravanes sont le plus souvent composées d'une centaine de porteurs ; chaque porteur a ordinairement un fardeau de 20 à 25 kilogr. sur la tête.

Lorsque le nombre des porteurs est plus élevé, les caravanes se font accompagner par des guerriers chargés de veiller à leur sûreté pendant le voyage. Ces guerriers sont armés de flèches, ordinairement empoisonnées, de sabres et de fusils. Fortes ou faibles, les caravanes se donnent toujours un chef-conducteur qui règle les marches et les étapes. Quelques femmes de chefs profitent du départ des grandes caravanes pour entreprendre un voyage à la côte, à l'effet de satisfaire leur curiosité.

A leur arrivée dans les comptoirs, les caravanes sont assaillies par les traitants, qui rivalisent de largesses et de diplomatie auprès du chef-conducteur.

Comme il est naturel de le penser, c'est le traitant qui s'est montré le plus généreux qui obtient la préférence. Le sel, les noix de colats et les étoffes blanches sont spécialement offerts comme présents de bienvenue.

Aussitôt que le choix du comptoir est fait, la caravane tout entière devient l'hôte du traitant ; elle est logée, nourrie et couchée à ses frais, pendant les quelques jours que durent les échanges. A son entrée dans la factorerie, elle est saluée par le canon.

Toutes les factoreries et sous-factoreries du Rio-Pongo possèdent des canons pour cet usage.

Les caravanes attachent une importance très grande à cette marque d'honneur, et discutent à l'avance le nombre de coups de canon à tirer.

Au moment de leur départ, elles reçoivent encore des cadeaux, principalement du sel, qui acquiert dans le Fouta-Djallon une très grande valeur.

Avec quatre ou cinq kilogrammes de sel, un foulah peut acheter une femme, un esclave ou un bœuf dans l'intérieur du Fouta.

Ces cadeaux, que la concurrence du commerce a fait adopter, sont aujourd'hui obligatoires, et nulle maison ne peut s'y soustraire. Ils grèvent sensiblement le prix d'achat des produits, et, pendant l'opération des échanges, il doit nécessairement en être tenu compte.

Nous faisons connaître ci-après la valeur des principaux produits apportés par les caravanes.

L'or pur, en lingots de quatre grammes, est payé environ 12 francs en monnaie d'argent ou en noix de colats.

Le caoutchouc, par 2 livres anglaises, soit 907 gr., est payé. . . . . 2ᶠ 50 en marchandises;
Le café, par 2 livres. . . . . 1 25 —
L'ivoire, 2 livres. . . . . . . 3 75 —
Le beurre végétal, 2 livres. . 1 25 —
Un cuir de panthère . . . . . 15 » —
Un cuir de bœuf. . . . . 10 » —
Un bœuf vivant, de 25 à 30 francs.
Un mouton vivant, de 7 fr. 50 à 10 francs. —

Ces prix sont généralement adoptés par toutes les factoreries.

Nos pièces d'argent de 5 francs représentant les symboles de l'ordre et du travail, unis à la force, font l'objet d'un commerce lucratif avec les caravanes foulhas.

Deux de ces pièces neuves leur sont vendues contre trois de même valeur, à d'autres effigies. Ces pièces, que les caravanes payent ainsi 7 fr. 50, sont très recherchées dans tout le Fouta-Djallon depuis deux ans. Les hommes les portent comme un médaille sur la poitrine et leur attribuent certaines vertus préservatrices. Les femmes les attachent à leur chevelure, et leur plus grand luxe est de posséder un collier entier de nos pièces de la République.

Pendant les années 1876 et 1877, le Rio-Pongo a exporté, en tout, pour dix-huit millions de produits provenant tant du Fouta-Djallon que de la contrée elle-même.

L'état de trouble créé par les ministres du roi a amené une très sensible décroissance dans les transactions commerciales, dès l'année 1878. Cette décroissance empira jusqu'en 1882.

L'apaisement produit par la convention du 3 mai 1883 procura immédiatements les meilleurs résultats. Les caravanes revinrent en plus grand nombre au Rio-Pongo, et son exportation pour l'année 1884 paraissait devoir atteindre, d'après les déclarations faites à la douane de Boffa pendant le premier trimestre, le chiffre de trente-cinq millions, c'est-à-dire un chiffre trois fois supérieur à celui des meilleures années passées.

Bien que le Rio-Pongo exporte annuellement pour plusieurs millions d'or, jamais une seule parcelle de ce métal n'a été déclarée en

Le maintien de l'état de paix dans les rivières du Sud, toutes en communications faciles avec le Fouta-Djallon, dont elles sont limitrophes, peut seul assurer leur prospérité. Les chefs et les sujets de ce grand empire sont, en effet, très bien disposés en faveur de la France; les comptoirs de nos rivières sont à leur porte, et ils y viennent de préférence plutôt qu'aux comptoirs portugais et anglais; mais nous avons vu que les caravanes se détournent des pays en guerre.

La Mellacorée est complètement abandonnée par elles, et il faudra un temps bien long pour y faire renaître le commerce. Tous les établissements commerciaux de cette rivière ont été évacués ou pillés, sauf un comptoir mitoyen au poste de Benty, appartenant à la Compagnie du Sénégal.

Les guerres entreprises par les chefs de la côte n'ont souvent pour objectif déterminé et final que le pillage des factoreries.

Nous devons donc apporter tous nos efforts à enrayer et à empêcher le développement de ces guerres intestines qui se prolongent des années entières et causent les plus grands torts aux négociants.

Il conviendrait de sévir contre certains chefs soumis à la suzeraineté de la France, qui s'écartent du respect des traités.

Un exemple frappant ceux qui sont la cause des troubles produirait une salutaire impression dans toute la région des Rivières du Sud, douane.

et rendrait confiance aux paisibles habitants du Fouta-Djallon, qui n'osent s'aventurer sur des routes incertaines.

Prévoyant une nouvelle invasion des pillards du roi du Rio-Pongo sur son territoire, le roi du Lakata nous adressa la lettre suivante, afin que ses sujets puissent cultiver, trafiquer et vivre en paix, à l'abri du pavillon français :

« Médina de Lakata, le 25 septembre 1882.

« Monsieur le Commandant Bour,

« Je vous adresse cette lettre au nom de mon père, le roi Thomas-Youka.
« Il me prie de m'informer de vos nouvelles. Il se trouve très satisfait de votre
« arrivée au Rio-Pongo tout dernièrement.
« La rivière du Rio-Pongo vous appartient, notre pays vous appartient
« aussi. Si j'avais pu venir moi-même vous l'offrir, je serais déjà venu. Mais,
« vous le savez, je ne puis m'absenter en ce moment.
« Mon père vous prie d'avoir la bonté de venir à Lakata lorsque vous le
« pourrez. Nous serons tous contents de recevoir votre visite. »

(Signatures de Youka-Laye, fils du roi, et de sept autres chefs.)

Le Lakata est un petit État situé entre le Rio-Nunez et le Rio-Pongo, sur le bord de la mer; et comme il est riche et peuplé, les bandes de Ben Catty s'abattaient régulièrement sur lui tous les ans, à l'entrée de la saison sèche.

Les pillages avaient lieu pendant la nuit et étaient opérés par cent ou cent cinquante individus, entretenus spécialement à ce métier par les ministres et frères du roi du Pongo. Les hommes qui s'opposaient au pillage étaient massacrés; ceux qui laissaient faire avaient la liberté de s'enfuir.

Les pillards apportaient à Thia tout le butin ramassé dans leur expédition et chacun en recevait sa part. Les femmes et les enfants étaient vendus au loin comme esclaves, lorsque les ministres craignaient de les voir s'enfuir après les avoir réduits à la captivité.

Ces pillages, organisés sur une grande échelle, nuisaient considérablement aux populations laborieuses du Lakata et au commerce du Rio-Pongo, qui voyait les caravanes pratiquer d'autres routes.

On devait craindre aussi des complications sur les territoires du

Rio-Pongo, les chefs du Lakata n'ayant précédemment jamais entretenu de relations avec l'autorité française de Boffa, et étant au contraire en rapport avec une colonie étrangère voisine qui les sollicitait ardemment de s'unir à elle.

Quelque temps après, le pavillon français était hissé avec solennité dans les principaux villages du Lakata, et le roi venait lui-même à Boffa, avec ses chefs, signer le traité suivant :

TRAITÉ DU 26 JANVIER 1884

AVEC LES CHEFS DE LAKATA ET ENVIRONS.

Au nom de la République française,

Et en vertu des pouvoirs qui nous ont été délégués par M. le lieutenant gouverneur des Rivières du Sud du Sénégal,

Nous, Bour (Charles), commandant du cercle du Rio-Pongo, et Cavalié (Henri), lieutenant de vaisseau, commandant l'aviso l'*Oriflamme*, avons conclu le traité suivant avec les chefs de Lakata et environs ;

Art. 1er. — Les chefs de Lakata déclarent donner tout leur pays, volontairement et librement, en toute souveraineté à la France.

Art. 2. — Les Français ou autres pourront s'établir sur les territoires de Lakata pour y faire le commerce. Ils devront s'entendre avec les propriétaires du sol pour louer ou acheter le terrain qui leur sera nécessaire.

Art. 3. — Les chefs de Lakata promettent aide et protection aux Français ou autres qui s'établiront dans leur pays.

Art. 4. — La France, de son côté, promet aide et protection aux chefs de Lakata.

Art. 5. — Les Chefs s'engagent à favoriser le commerce, à développer les cultures, à ne jamais fermer les routes et à ne jamais empêcher les opérations d'un traitant.

Art. 6. — La France pourra construire tels établissements de douane ou autres qui lui conviendront, et sur tels emplacements qu'elle choisira.

Art. 7. — Les lois, religions et coutumes des sujets ne seront en aucune façon inquiétées.

Fait et signé en triple expédition au poste de Boffa, les jour, mois et an que dessus.

Signé : Ch. BOUR et THOMAS YOUNKA, roi.

Aussitôt après la signature de ce traité, qui plaçait le pays sous la protection de la France, les indigènes se livrèrent aux travaux agricoles et reconstruisirent leurs villages à la hâte. Le traité fut accepté par tous avec reconnaissance et sympathie envers la France.

Les négociants du Rio-Pongo et du Rio-Nunez accueillirent aussi avec la plus vive satisfaction la conclusion du traité qui mettait fin à un état de choses des plus préjudiciables aux intérêts commerciaux.

Le traité ci-dessus a été ratifié par décret en date du 9 juin 1884, rendu sur la proposition de MM. les Ministres de la marine et des colonies et des affaires étrangères.

Le commerce, antérieurement interrompu, à chaque ouverture de traité, dans le Lakata, se rétablit promptement, et les comptoirs qui y sont établis sont maintenant en très bonne voie de prospérité.

Le Lakata fournit abondamment des noix de colats, du caoutchouc, des amandes de palme, de l'huile de palme, des sésames, etc. Il y a lieu de supposer que l'ancienne route du Fouta-Djallon conduisant à Lakata, délaissée par les caravanes depuis les anciennes guerres du roi du Pongo, reprendra sous peu de temps son mouvement actif d'autrefois.

Les articles européens servant aux échanges dans le Lakata consistent principalement en spiritueux, cotonnades, tabac, poudre, faïence, verroterie et quincaillerie.

Les étoffes de laine de couleurs rouge et bleue sont particulièrement bien vendues.

Le Koba, État placé sur le littoral de la mer, entre le Rio-Pongo et le Bramaya, est tributaire de ce dernier État, qui a été annexé à la France par la convention du 14 juin 1883 et il se trouve ainsi être réuni à la domination française.

C'est le pays producteur par excellence des noix de colats, si recherchées maintenant par toutes les populations africaines.

Tous les ans, au mois de décembre et au mois de mars, le Koba est envahi par un grand nombre de traitants étrangers des colonies portugaise et anglaise, qui enlèvent la presque totalité des produits.

Ces étrangers n'ayant pas, comme leurs confrères du Rio-Pongo, des frais d'établissement, de location et autres, offrent aux indigènes un prix plus rémunérateur; ils accaparent ainsi toute la production au détriment du commerce du Rio-Pongo, auquel les colats sont nécessaires pour traiter avec les caravanes.

Grâce à la configuration géographique du delta du Rio-Pongo, les navires qui fréquentent le Koba peuvent entrer et sortir sans être vus de Boffa.

Pendant la campagne de 1882-1883, le Koba a été visité par douze goëlettes portugaises d'une capacité moyenne de 25 tonnes, ce qui représente une exportation de trois cents tonneaux de noix de colats pour une seule campagne.

Indépendamment des noix de colats, qui forment la base du trafic dans le Koba, les amandes de palme et l'huile de palme sont aussi l'objet d'un grand commerce.

Les articles d'exportation européenne les mieux vendus dans le pays sont : les spiritueux, les tissus de laine et de coton, le tabac, les armes, la poudre et les faïences.

Les traitants achètent 420 colats contre un gallon de rhum de la contenance de quatre litres et demi, correspondant à une valeur de 5 francs.

Ce rhum est spécialement fabriqué à Hambourg pour les peuplades nègres. Sur cette place, il est vendu 1 fr. 50 le gallon.

Parmi les autres produits de Hambourg, nous ne devons pas oublier le vin de Bordeaux (Saint-Julien), en caisses de douze bouteilles. Prise à Hambourg, la caisse revient à 6 fr. 75 ; elle est revendue 12 francs dans les comptoirs de la côte et 15 francs en détail.

Ce prétendu vin est surtout destiné à l'approvisionnement de l'immense population civilisée de Freetown. Nous devons ajouter que caisses et bouteilles portent un nom français.

Achetés presque pour rien dans le Koba et dans le Lakata, les colats acquièrent une grande valeur dans les pays un peu éloignés de la côte. Un seul de ces fruits est vendu jusqu'à cinquante centimes dans certaines contrées de l'intérieur ; ce prix est inférieur de moitié environ sur les marchés de Freetown, de Boulam et de Saint-Louis.

Le commerce de ces fruits a pris une certaine importance dans les colonies de Sierra-Leone et des Bissagos, depuis quelques années.

Il est regrettable que, par suite du défaut de communications avec nos Rivières du Sud, le commerce du Sénégal ait été jusqu'à présent placé dans la nécessité d'avoir recours aux intermédiaires étrangers, pour se procurer un produit des plus utiles à ses transactions.

Le monopole du commerce des colats est entre les mains des sujets anglais de Sierra-Leone sur les principaux marchés de la colonie du Sénégal.

On prête certaines propriétés médicinales et tinctoriales à ces fruits, d'après des expériences faites récemment dans un grand port de France.

Le Fatalath fournit au commerce des arachides qui, sans être tout à fait aussi belles que celles du Cayor, sont néanmoins très estimées. Elles sont payées 2 fr. 50 en marchandises, la mesure de 20 à 25 kilogrammes.

Ces arachides sont de beaucoup supérieures en qualité à celles récoltées sur toutes les autres parties du Rio-Pongo.

Les articles et produits européens sont admis en franchise dans toutes les Rivières du Sud.

Un droit de sortie *ad valorem* est prélevé sur les produits naturels, à l'exportation.

Ce droit de sortie n'est que de 1 p. 100 en Mellacorée, par exception ; mais il y aura lieu de ramener cette rivière au tarif douanier uniforme à adopter pour toutes les Rivières du Sud.

Dans les villes du Sénégal, les négociants, commerçants, traitants, etc., sont assujettis à une patente fixe annuelle. Ce système d'impôt est d'ailleurs employé dans toutes les colonies étrangères voisines, et pourrait aussi bien être appliqué dans les dépendances du Sénégal, sur les factoreries, sous-factoreries et traitants.

La colonie du Sénégal, qui retire annuellement certaines ressources de ses dépendances, et qui pourrait en obtenir de beaucoup plus fortes avec une meilleure organisation, devrait pouvoir affecter une partie de ces ressources aux travaux d'utilité publique, dont l'urgence est depuis longtemps reconnue et réclamée dans ses possessions du Sud.

Les missions catholiques et protestantes du Rio-Pongo ont souvent procédé à des mariages religieux entre individus relevant de la juridiction française, sans remplir les formalités prescrites par le Code civil.

L'autorité française de Bofta ne possède pas le pouvoir de marier. Les communications permettent difficilement aux conjoints de se rendre devant le maire de Gorée. Beaucoup d'ailleurs renonceraient à ce voyage, entraînant une grande perte de temps et des frais énormes.

Pour obvier aux inconvénients qui résultent des unions contractées par les sujets européens, d'origine européenne ou étrangers des colonies voisines, entre eux ou avec les familles du pays, il serait désirable que les fonctions d'officier d'état civil, dévolues aux commandants de cercle pour les naissances et les décès seulement, fussent étendues jusqu'au mariage.

Cette solution a déjà été demandée à différentes reprises par nos nationaux et protégés résidant sur les dépendances du Sénégal.

En consultant le musée colonial créé sur l'initiative de M. Félix Faure, sous-secrétaire d'État de la marine et des colonies, l'industrie française puisera d'utiles données sur le genre de fabrication des articles consommés dans nos possessions africaines.

Les fabriques rouennaises nous semblent être distancées par celles d'Angleterre et d'Allemagne, qui ont adopté servilement leur mode de fabrication, dans son apparence seulement.

Il reste à nos grands industriels de la vallée de Rouen à remettre les choses en l'état, c'est-à-dire à produire des tissus qui, tout en conservant leurs dispositions de coloris, ne se trouveraient pas supérieurs, quant aux prix, aux tissus anglais et allemands.

La jeunesse étrangère occupe presque tous les emplois dans les maisons de commerce de la côte occidentale d'Afrique; les jeunes Français qui se destinent au commerce se trouveraient cependant à très bonne école dans ces parages, beaucoup moins insalubres qu'on le dit généralement.

5° *Populations.* — Le peuple qui habite la contrée du Rio-Pongo appartient à la race noire sousou.

Les Sousous ont été chassés autrefois des bords du Haut-Niger, où ils étaient appelés Sasias et Dialoukais, par les invasions des musulmans du Fouta-Djallon, et ont émigré en masse sur les bords de la mer.

Ils ont fondé plusieurs États qui existent encore de nos jours, entre le Rio-Nunez et la rivière Mellacorée. Les Bagas, premiers occupants de ces territoires, se retirèrent sur les confins du littoral et finirent par se mélanger insensiblement aux nouveaux émigrants.

Fractionnés en petits États sans lien entre eux, et conséquemment sans puissance, les Sousous furent de nouveau maîtrisés par leurs puissants voisins du Fouta-Djallon, dans leurs établissements de la côte.

La suzeraineté de l'almamy supérieur de Timbo continue à s'exercer sur tous les États sousous.

En vertu de ses anciens droits de suzerain, l'almamy de Timbo nomme le roi du Pongo sur la présentation de l'almamy de Bambaya, gouverneur de la province dudit nom. Les almamys ou gouverneurs des provinces du Fouta-Djallon sont élus pour un an par le grand conseil des princes et des anciens de Timbo, et ils prennent le titre de *tierno*, qui, dans la hiérarchie sociale foulah, indique le deuxième rang de la noblesse.

Le roi des Sousous du Rio-Pongo est tenu de payer un tribut annuel au gouverneur de Bambaya, en signe de soumission. Ce tribut est ordinairement payé au moment de l'entrée en fonctions du nouvel élu.

Anciennement, l'almamy de Timbo ne décidait de l'élection royale qu'après s'être concerté avec la famille Leigtbourn, de Faringhia, qui possédait une très grande influence sur l'état politique dans toute la région du Rio-Pongo.

Cette puissante famille, à laquelle s'étaient joints tous les mulâtres et leurs nombreux partisans, soutint avec avantage, en 1854, une guerre contre un usurpateur du trône. Cette guerre prit fin par la défaite du roi et la prise de Dominghia.

Le traité du 5 juillet 1881, qui place le Fouta-Djallon en entier sous le protectorat de la France, et qui nous donne en toute souveraineté le Rio-Pongo et le Soumboyah, apportera très certainement bientôt des modifications dans la constitution politique des États sousous. Chacun de ces États se trouve d'ailleurs lié avec la France par des traités particuliers.

C'est, dans tous les cas, avec le gouvernement français que se concerte aujourd'hui l'almamy de Timbo, lorsqu'il s'agit de la nomination du roi.

Fortement irrité de voir l'impuissance du roi actuel, John Catty, et les entraves apportées, par ses ministres, au libre commerce des caravanes avec les comptoirs, dans le seul but de satisfaire leurs instincts pillards, il envoya successivement au Rio-Pongo, en 1881 et 1882, trois armées chargées de rétablir l'ordre et de contraindre les ministres à cesser leurs pillages.

Ces armées étaient commandées par Tierno-Suleyman, almamy de Timbi; Tierno-Ibrahima, almamy de Bambaya. La troisième et la plus forte se trouvait sous les ordres du prince Abdoulaye Bademba, fils de l'almamy supérieur du Fouta-Djallon, Ahmadou.

Bademba était muni d'instructions écrites et des pleins pouvoirs de son père pour traiter avec l'autorité française.

Les ministres firent amende honorable et rétablirent aussitôt la libre circulation avec le Fouta-Djallon, devant l'imminence de leur déposition et celle du roi, leur frère, pour qui ils gouvernent.

Appelé au pouvoir par droit d'aînesse, le roi John Catty succéda à son oncle Mathias Catty en 1873. Depuis son arrivée au trône, jamais il ne prit part aux affaires du pays.

Deux de ses frères, dont nous avons eu l'occasion de parler dans le chapitre précédent, remplissent les fonctions de ministres et gouvernent pour le roi. Ces deux hommes ont été élevés dans leur jeunesse par les Européens; mais la civilisation paraît avoir été répudiée par eux dès l'avènement au trône de leur aîné, qui les faisait chefs en même temps.

Tous les individus appartenant à la famille du roi s'intitulent princes. Le Rio-Pongo en compte un très grand nombre.

Les lois qui régissent les Sousous sont votées par les anciens du pays, réunis en conférence pendant la nuit dans les bois sacrés.

Deux sociétés, l'une politique, appelée *boli*, et l'autre religieuse, appelée *kamet*, veillent aux destinées du royaume du Rio-Pongo.

Les sociétaires du boli sont tous recrutés parmi les hommes libres les plus âgés. Ils choisissent le roi et les ministres et discutent avec eux de toutes les affaires du pays.

Le choix du roi doit être soumis par eux à l'approbation de l'almamy de Bambaya, qui conserve le droit de repousser ou d'accepter le candidat au trône avant d'en référer à l'almamy supérieur.

Nulle affaire touchant aux intérêts du pays ne peut être tranchée ou résolue par les ministres, sans de longs et interminables palabres avec les vieillards convoqués à cet effet.

Le sort des ministres se trouve ainsi en entier entre les mains des anciens. Pour conserver les privilèges et avantages réservés au roi, incapable de gouverner, les ministres ont fini par devenir les dociles exécutants de lois stupides et barbares, et les anciens ordonnent et règnent en maîtres.

Profondément attachés à l'état de choses primitif, cher à leurs habitudes et à leur croyance, les anciens se montrent souvent hostiles à l'influence civilisatrice européenne, qui détruit petit à petit le vieil édifice social des Sousous.

Les réunions tenues dans les bois sacrés sont toujours secrètes. La divulgation d'une décision prise entraîne une peine sévère, ou une très forte amende. Les affiliés se reconnaissent entre eux par un mot d'ordre ou par signes. Ils portent un costume de circonstance, composé d'un masque en étoffe, d'un long bonnet garni de verroteries et de plaques en métal, et d'une sorte d'habit à deux pans bordés de cauris (petits coquillages).

Lorsque les formalités de reconnaissance ont été remplies, l'affilié doit enlever son masque du visage.

Un étranger surpris pendant les réunions du bóli aurait immédiatement la tête tranchée.

L'influence du bóli pèse lourdement sur le pays, en le conduisant parfois dans des entreprises guerrières qui n'ont d'autres résultats que de grossir les troupeaux d'esclaves des ministres et de quelques autres chefs, faisant généralement partie du bóli.

Dans ces circonstances, il est fait appel à la population pour fournir des hommes et des subsides.

Par ordre du bóli, les Sousous employés dans les maisons de commerce sont très souvent requis d'avoir à verser une somme élevée pour éviter de partir à une prétendue guerre.

Les agriculteurs ne sont pas mieux traités sous une autre forme : ils doivent se dépouiller de tout ce qu'ils possèdent, ou bien ils seront pillés par les bandes des ministres.

Les séances du bóli sont décidées sur l'initiative de quelques-uns de ses membres les plus âgés, ou sur celle des ministres, selon les cas.

Comme signe de convocation pour assister à une réunion sur un point déterminé dans un certain nombre de jours, tous les affiliés reçoivent des petits carrés de bois d'un centimètre, enfilés sur une petite tige; leur nombre est égal à celui des jours à s'écouler avant la réunion. Chaque matin l'affilié enlève un des carrés de la tige; parvenu au dernier, il sait que c'est le soir même de ce jour qu'il doit se rendre à la séance.

Lorsque le bóli a résolu de faire la guerre à un voisin, il fait placer des branches d'arbre en travers des chemins conduisant chez ce voisin, pour indiquer aux habitants d'avoir à cesser leurs relations sur cet État.

Les chemins sont barrés de la même manière à la frontière; de plus, on suspend, à une branche fixée en terre, un petit sachet renfermant une charge de poudre, une balle et une capsule.

On fait parvenir en même temps, au chef avec lequel on entre en lutte, un sachet semblable à celui placé à sa frontière et un colat rouge, sans aucune autre explication.

Si la paix parvient à se faire après le règlement des pillages commis de part et d'autre, les chefs ennemis doivent se rencontrer et se serrer la main devant leurs sujets assemblés pour la circonstance.

On déracine un arbre sur le lieu de la rencontre; les deux chefs jettent de la poudre et des balles dans l'excavation, qui est alors recouverte de terre par tous les assistants; et chacun des deux chefs prononce le serment de ne refaire la guerre à son voisin que s'il voit pousser à cet endroit un arbre portant des balles au lieu de feuilles.

Afin de conserver la mémoire de l'acte important qui vient de s'accomplir, une rangée de grosses pierres est disposée en cercle autour du dépôt de poudre et de balles.

Les serments prononcés à l'occasion de la paix n'attendent pas la croissance de l'arbre à balles; souvent les hostilités recommencent l'année suivante.

La secte religieuse appelée kamet compte un très grand nombre d'adhérents appartenant à tous les âges et à toutes les classes de la société. Ceux qui en font partie sont appelés simous; comme marque distinctive extérieure, les simous ont les dents limées en pointe.

Les réunions se font aussi dans les bois sacrés, pendant le jour ou pendant la nuit. Les disciples de l'Esprit (le Diable) ont seuls le droit d'y assister.

Le plus âgé des simous du village provoque les réunions, qui ont ordinairement pour but de rendre l'Esprit favorable à une entreprise quelconque.

Les réunions obligatoires consacrées au culte de l'Esprit n'ont lieu qu'une ou deux fois par année. Aux appels particuliers de la trompe, tous les simous doivent se rendre instantanément au bois sacré. Les habitants se hâtent de rentrer dans leurs cases au premier son de la trompe; la rencontre d'un simou allant au bois sacré porte malheur. Pour les enfants sousous, le simou est un véritable Croquemitaine.

Les issues du bois sacré sont gardées pendant les cérémonies; des surveillants procèdent à la reconnaissance des sociétaires et les laissent s'engager dans le bois, par des petits sentiers très étroits se coupant et tournant dans tous les sens, pour égarer les profanes qui s'y aventureraient.

Sur un espace déboisé, au milieu du bois, s'élève une petite case, très proprement tenue : c'est la demeure de l'Esprit!

On voit sous cette case des récipients de cuisine, de la vaisselle et des bouteilles vides; et, au-dessus, sur le sommet de la case, des gris-gris renfermés dans des flacons, des os d'animaux, etc.

La case de l'Esprit occupe le centre d'un grand cercle; c'est auprès d'elle que se tiennent les simous-kamès, ou sacrificateurs.

Une plantation d'arbustes contournant la case à quelque distance marque la limite que ne doivent pas dépasser les simous assistants. Le pourtour du cercle est formé par le taillis du bois.

Les offrandes faites à l'Esprit consistent en animaux vivants, tels que bœufs, moutons et chèvres, et aussi en eau-de-vie.

Au moment de l'égorgement de l'animal par les sacrificateurs, tous les simous poussent des cris féroces qui jettent l'épouvante dans les environs. Certains morceaux particuliers reviennent de droit à l'Esprit et sont déposés dans les récipients *ad hoc*, d'autres reviennent au Roi et lui sont envoyés séance tenante. Le reste de l'animal est partagé et mangé sur place par les simous, qui arrosent leur repas d'un nombre incalculable de bouteilles de rhum et de gin.

Le sacrifice de l'animal n'a lieu qu'après les prières de l'assemblée, accompagnées elles-mêmes d'une formalité indispensable. Pour savoir si le sacrifice est agréable à l'Esprit, les simous-kamès jettent des colats blancs à terre. S'ils tombent bien à plat sur une de leurs faces, c'est que l'Esprit les favorise et autorise le sacrifice. Cette formalité est renouvelée autant de fois qu'elle est suivie d'insuccès. L'Esprit finit donc toujours par se montrer favorable, et l'orgie des simous commence aussitôt.

Il se trouve toujours ainsi un rusé simou qui veut bien épargner à l'Esprit la peine de manger et de boire les offrandes qui lui sont destinées.

On rapporte qu'il y a une trentaine d'années, l'institution du kamet jouissait d'une certaine puissance dans le pays. Les simous se faisaient remettre des jeunes gens pour les initier aux mystères du culte dans les bois sacrés, où ils devaient faire un stage de quatre ou cinq ans.

Les parents voyaient rarement revenir leurs enfants confiés à l'éducation des prêtres sousous. Ils s'étaient enfuis ou ils étaient morts! répondaient-ils aux familles. La vérité est qu'ils vendaient ces enfants aux navires négriers. De nombreux faits de ce genre ne tardèrent pas à être connus de la population; et depuis de longues années les simous ne forment plus d'élèves.

Ils sont cependant encore redoutés de la population, assez superstitieuse, du reste, à cause de leurs accointances supposées avec le Diable; dans tous les cas, leur crédit a considérablement diminué d'influence et il tend à s'effacer complètement.

Les simous participent aux palabres d'intérêt général, notamment dans la confection des lois réglant la propriété individuelle des terres et des arbres producteurs, et surtout ils s'occupent de la fabrication des gris-gris utiles au bonheur du royaume.

Les Bagas, dont les plus fortes agglomérations se trouvent dans le Koba et le Lakata, adorent plusieurs divinités protectrices dans des bois sacrés.

Ces divinités sont représentées par des images en bois grossièrement sculpté, renfermées dans les temples des bois sacrés.

La divinité la plus en honneur parmi les Bagas est la femme de l'Esprit, Simon-Guinée.

A certaines époques de l'année, les Bagas se rendent en foule dans les temples, particulièrement à l'occasion des semailles, de la trop grande sécheresse, ou des trop fortes pluies.

Les lois sousous n'autorisent pas l'acquisition de terrains par les étrangers, blancs ou noirs.

La propriété est inaliénable, elle se transmet de père en fils. A défaut d'héritier naturel, c'est le roi qui recueille la succession.

Les descendants des anciens rois et le roi actuel possèdent la presque totalité des terres du Rio-Pongo, sans profit pour eux-mêmes ni pour personne. Nous avons vu à quels moyens recouraient les ministres pour se procurer des travailleurs. Quand ils ne les prennent pas chez leurs voisins par la guerre, ils les achètent aux chefs de la Mellacorée, qui ont toujours des prisonniers à vendre, à l'aide des cadeaux qu'ils exigent du commerce, pour laisser les routes ouvertes aux caravanes.

Le peuple sousou vit dans l'oppression et dans la gêne depuis l'avènement des détenteurs actuels de l'autorité, qui n'obéissent qu'à leurs désirs intéressés et à leurs convoitises.

La justice est rendue par les ministres et les chefs de village, assistés des anciens du pays.

Lorsqu'il s'agit de rechercher un coupable, le sorcier du roi reçoit l'ordre d'avoir à se transporter sur le lieu du crime ou du délit. Il installe une marmite remplie d'huile chaude et il désigne ceux qui doivent prendre part à l'épreuve; cette épreuve consiste à plonger une main dans la marmite, l'examen des brûlures lui fait reconnaître le coupable.

Si l'individu désigné peut prouver son innocence, l'opération du sorcier recommence plusieurs fois. Quelques compères aidant, il termine ses recherches en désignant quelque pauvre hère, esclave échappé, qui par punition devient esclave du roi.

Les vols, très nombreux chez les Sousous, sont punis de 15 à 30 coups de corde; nous croyons qu'il serait très difficile de produire un seul Sousou n'ayant pas reçu cette correction.

Quand il s'agit de vols considérables, le poignet droit doit être coupé, à moins de payer deux esclaves ou leur valeur comme amende.

L'adultère est puni de 50 coups de corde s'il est commis avec la femme d'un sujet, et de 100 coups s'il est commis avec la femme d'un prince. L'amende est de 100 à 200 francs, à payer toujours aux ministres, si le coupable est un noir étranger.

Malgré ces répressions, les mœurs des hommes et des femmes sont très dissolues.

Les femmes d'un prince décédé sont purifiées par un lavage aromatique, quarante jours après le décès de leur époux. Elles sont tenues de déclarer pendant cette opération les liaisons qu'elles ont pu contracter avant ou après la mort du prince. Les hommes dénoncés par elles sont condamnés à payer 250 francs.

En vertu de vieux usages, le foie d'un caïman tué doit être porté au roi, qui le fait enfouir en terre. Le manquement à ce devoir entraîne la peine de mort. Cette sentence a été appliquée, il y a peu de temps, à une pauvre femme sousou de Dominghia, qui avait cru devoir passer outre, malgré les recommandations à elles faites par son mari.

Lorsqu'un individu se trouve enlevé par un de ces animaux, le sorcier est encore requis de faire connaître sur qui doit retomber la responsabilité de la disparition. Les riches Sousous se trouvent tout naturellement désignés les premiers, et sont cependant bien étrangers à un accident semblable ; mais, du moins, eux, peuvent payer les ministres, toujours prêts à battre monnaie de n'importe quelle manière.

Une jeune fille de Thia qui pêchait dans les marigots voisins, en août 1883, fut emportée par un caïman. Le sorcier désigna successivement plusieurs personnes comme coupables d'entente avec le caïman. Aucune ne consentit à payer l'amende réclamée par les ministres ; et, devant le ridicule, ils durent abandonner leurs prétentions.

Les prisonniers importants faits dans les pillages, chefs ou enfants de chefs, sont condamnés à être brûlés vifs dans les bois pendant la nuit. Ces sortes d'exécutions se passent à huis clos.

Le téli, poison très violent, joue aussi un grand rôle dans les exécutions sommaires. Malheur au suspect qui reçoit l'hospitalité des chefs de Thia !

Pour s'imposer et continuer à régner, malgré les vœux de la population sage et laborieuse, les ministres se sont entourés d'une troupe de quelques centaines d'hommes (krobas), brigands et pillards, chassés des pays voisins.

Ces bandes commettent journellement des vols dans les factoreries et chez les habitants, et exercent souvent des violences sur les protégés de la France.

Les ministres ne sont guère obéis qu'à Thia, village d'esclaves sans importance, et dans quelques petits villages voisins, peuplés aussi d'esclaves leur appartenant.

Sur toute la rive gauche, y compris l'importante population du Fatalah, le haut du pays et une partie de la rive droite, les chefs et les habitants se sont en quelque sorte détachés et affranchis de l'autorité du roi.

Les ministres de Thia ne peuvent intervenir en quoi que ce soit dans le règlement des affaires de la rive gauche et du haut pays, leur autorité n'ayant jamais été reconnue par les chefs de ces pays.

Leurs bandes s'abstiennent d'ailleurs de paraître dans ces parages, où on leur donnerait la chasse. N'étant point visités par les pillards, ces pays sont très tranquilles, et pendant plusieurs années nous n'eûmes jamais une seule affaire à régler avec eux.

Après avoir passé en revue l'organisation politique, religieuse et administrative des Sousous, il nous reste maintenant à les examiner eux-mêmes.

Les Sousous sont des nègres de taille moyenne, d'un teint noir peu foncé et d'une physionomie intelligente. Ils ont en général l'esprit rusé et sont d'un naturel fourbe, menteur et voleur.

Ils se distinguent des autres races noires par leur finesse et leur extrême volubilité de langage. Les Sousous sont de grands palabreurs, et passent volontiers une ou plusieurs semaines à discourir sur le plus futile sujet. Les palabres sont la maladie endémique et invétérée du Rio-Pongo.

Les hommes paraissent s'assimiler facilement aux goûts européens; déjà ils ont adopté les pantalons, la coiffure et les chaussures des blancs; il leur est plus difficile de renoncer aux commodités de leur boubou, ou grande blouse indigène, bien préférable pour eux à nos vêtements de corps.

Ils sont peu belliqueux, malgré leur vivacité de langage et leur fanfaronnade, témoin leur sujétion envers les foulahs et leurs chefs directs qu'ils détestent et méprisent, préférant de beaucoup le repos et la paix aux aventures guerrières.

Si les anciens et les gouvernants entreprennent des guerres, ce ne sont certes pas les habitants qui les encouragent dans cette voie, dont ils sont les premiers à souffrir. Aussi sont-ils tous très pauvres sur la partie de la rive droite où peut encore s'exercer l'autorité des chefs de Thia.

Dans la situation qui leur est faite par les sociétés du boli et du kamet, dont nous venons de parler, nous ne pouvons pas trop nous étonner de l'état d'infériorité dans lequel vivent les populations de la rive droite comparativement à celles de la rive gauche.

Le caractère doux et souple des Sousous convient peut-être à fomenter et à soulever des difficultés avec ceux qui se trouvent en rapports avec eux; mais jamais ils ne pourraient consentir à entrer violemment en lutte.

Les Sousous mettent un certain orgueil à se montrer avec des armes; ils sont presque tous possesseurs de fusils, de revolvers et de sabres. Ils portent toujours sur eux des poignards fabriqués par les forgerons du pays.

Nous devons ajouter ici que, à part quelques déclassés sousous et des esclaves de même race, enrôlés de gré ou de force dans les bandes des ministres, ces bandes sont principalement composées d'étrangers, de Timénés et de Nalous, qui sèment la dévastation et la ruine partout où ils passent.

Les mariages entre Sousous ont lieu à l'amiable. On se dispense du simou, marabout ou autre, pour conclure une union. Ce contrat verbal a une plus ou moins longue durée, même quand il y a eu réception de coups de corde pour adultère; on ne divorce pas pour cela! Les conjoints sont sujets à recevoir la punition à tour de rôle.

Un homme peut avoir plusieurs femmes, les lois sousous autorisant la polygamie. Cette règle est admise autant que l'homme possède les moyens nécessaires de subvenir aux besoins de ses femmes.

Les hommes et les femmes se tiennent assez propres. Quelques-uns apportent même une certaine recherche dans leur habillement.

Les femmes se montrent plus rebelles que les hommes à admettre quelque chose d'européen dans leur toilette. Dans leur intérieur elles ne sont vêtues que d'un pagne noué aux hanches, laissant nu tout le haut du corps. Pour sortir, elles se drapent entièrement avec un grand morceau d'étoffe verte, rouge ou jaune, et elles se placent très coquettement un madras sur la tête.

Tous les indigènes du Rio-Pongo et des pays voisins parlent la langue anglaise. Les missions protestantes établies dans la contrée, les relations commerciales suivies avec la colonie de Sierra-Leone, ont répandu l'usage presque exclusif de cette langue. En effet, bon nombre d'indigènes ne conversent entre eux qu'en anglais.

Les cases des Sousous sont très bien construites. Elles sont spacieuses et comportent presque toutes une véranda; quelques-unes de ces cases sont à étage avec escalier, et du genre européen.

Pour leur édification, les indigènes se servent des matériaux fournis par le pays. Le bois dur des palétuviers est employé pour le charpentage, et les racines flexibles de ces arbres sont utilisées, en les entrelaçant les unes dans les autres aux piliers de soutènement, de manière à former les murs par un clayonnage que l'on recouvre de pisé et de chaux.

Une épaisse couche de paille ou de feuilles de palmier recouvre ces constructions. On emploie aussi pour les couvertures des *tuiles de bambou*, selon l'expression usitée dans le pays. Les tuiles de bambou sont des rectangles de cinquante centimètres sur vingt-cinq, faits avec l'écorce du bambou; ces morceaux s'adaptent parfaitement les uns sur les autres, et constituent une toiture régulière et propre, d'où le nom de tuiles leur est venu sans aucun doute.

Dans les cases des Sousous, on trouve un certain confortable, si on veut bien faire un rapprochement avec l'ameublement des indigènes plus au Nord; des sièges, des tables, de la vaisselle, quelquefois des tableaux (chromolithographies), ornent l'intérieur des pièces. Les ministres et les anciens du pays ont le grave tort de vouloir réagir contre la tendance naturelle qui porte les Sousous vers la civilisation, et qui leur fait entrevoir la perte de leurs privilèges. Il faudra nécessairement qu'ils se résignent, tôt ou tard, à ne plus entraver les progrès de la civilisation, et à venir eux-mêmes faire cause commune avec elle.

De toutes nos possessions du Sénégal, le Rio-Pongo est celle qui renferme le plus d'Européens et où il se fait le plus grand trafic. Il ne faut plus que son essor soit de nouveau retardé par les désirs immodérés de pillage d'un petit groupe de chefs, et par leurs mesquineries d'intérêt personnel.

Les Sousous ont un certain penchant pour le métier de canotiers, dans lequel ils excellent, du reste; tous sont très bons marins.

Aussitôt qu'une embarcation armée de Sousous quitte la terre, l'équipage entier devient joyeux et chacun improvise à tour de rôle des chansons que tous les nageurs répètent en chœur.

Leurs improvisations roulent le plus souvent sur le but du voyage, sur la richesse de celui qu'ils transportent, et sur les délices qu'ils goûteront à leur retour à la case. Ils chantent constamment pendant toute la durée d'un voyage, c'est à peine s'ils s'arrêtent pour prendre un peu de nourriture. Après vingt heures de nage, ils ont le même entrain et la même gaieté qu'au moment du départ.

La danse est une de leurs distractions favorites; dès qu'une fête est signalée quelque part, les jeunes hommes et les jeunes filles s'empressent de s'y rendre. A défaut de ces réjouissances motivées, les jeunes gens organisent des danses au village tous les soirs de beau temps, au son du tam-tam et du balafou.

Les naissances et les mariages sont annoncés par de nombreux coups de feu. Ces deux événements sont suivis de danses et de chants qui durent plusieurs nuits de suite.

Les décès sont aussi annoncés par des coups de feu, même au milieu de la nuit.

Les fêtes occasionnées par la circoncision des jeunes gens sont les plus animées et les plus longues. Les parents et les amis éloignés accourent de tous côtés pour y assister. Ces fêtes se passent de la même manière, à peu de choses près, que chez les peuplades de la Cazamance, déjà décrites par nous

Quoique fétichistes et buveurs d'eau-de-vie, les Sousous professent aussi les trois grandes fêtes musulmanes du Koran. L'usage de ces fêtes paraît provenir de l'ancienne domination des musulmans, au temps où les Sousous habitaient l'intérieur du continent.

Ces fêtes, et celles de la circoncision, sont célébrées dans toute la contrée avec un très grand éclat.

La circoncision des jeunes filles a lieu au commencement de leur âge adulte, vers douze ou treize ans. Jusqu'à ce moment, elles ne portent pour tout vêtement qu'un petit morceau d'étoffe attaché à un cordon serré autour des hanches.

Le jour de la cérémonie, elles se parent d'un bonnet en forme de casque, orné de verroteries et de grelots, d'un pagne rempli de dessins et de grelots; une bande d'étoffe de couleur voyante leur cache les seins.

Les premières nuits qui suivent l'opération sont entièrement consacrées à la danse et aux chants, les jeunes filles circoncises sont tenues d'y paraître dans le costume du premier jour, qu'elles doivent porter pendant trois mois, sauf le casque.

Quatre jours avant l'expiration de ce laps de temps, les danses et les chants recommencent en l'honneur des circoncises demandées en mariage; après ces dernières fêtes, elles prennent le costume ordinaire des femmes mariées.

Pendant les danses, les femmes sousous improvisent des chants interminables rythmés par des battements de mains, plus ou moins forts, selon les expressions du chant.

Voici un des chants composés à une de ces soirées, à l'occasion du mariage d'une jeune vierge sousou :

> Bellah, salut Bellah !
> Fille de Dion et de Mathery,
> Tu es belle, ton corps est beau,
> Tu sais la danse, tu es vierge,
> Tu élèveras bien tes enfants,
> Moussa sera heureux.
>
> Bellah, salut Bellah !
> Nous sommes tes sœurs, tes amies,
> Avec le village nous pleurerons.
> Souviens-toi de Lissi et Tara,
> Bellah, tu ne danseras plus.
> Moussa sera heureux.
>
> Bellah, salut Bellah !
> Travaille ton champ; soigne Moussa,
> Donne à manger aux enfants.
> Tu auras pagnes et bijoux,
> Du riz, de l'huile plein ta case.
> Moussa sera heureux.
>
> Bellah, salut Bellah !
> Quand Moussa prendra un fusil,
> Ou bien, s'il meurt à la guerre,
> Reviens chez Tara-Némoko ;
> Nos cases sont toujours ouvertes,
> A notre sœur Bellah.

Le goût du chant paraît inné chez les Sousous; dès leur plus tendre enfance, ils commencent à chanter; parvenus à un autre âge, c'est en chantant qu'ils accomplissent leurs travaux. L'insouciante gaieté dont ils sont doués rend leurs conditions d'existence assez agréables, et ils supportent tout, pourvu qu'ils puissent chanter et danser.

La rivière Bramaya.

La rivière Bramaya et ses territoires, dont le Koba fait partie, ont été réunis depuis peu de temps au domaine colonial de la France. Cette rivière prend sa source dans les plateaux du Kébou, traverse les États du Labayah et du Bramaya et vient se jeter dans l'Océan, à peu de distance de l'embouchure du Dubréka. Elle est reliée à ce dernier cours d'eau par deux grands marigots que fréquentent les embarcations du pays.

Son entrée est difficile pour les navires d'un tirant d'eau dépassant 2ᵐ,50. La plus grande profondeur sur la barre varierait entre 2ᵐ,75 et 3 mètres. Aussi, malgré le commerce actif qui se fait dans cette rivière, n'est-elle visitée que par des côtres et des petites goëlettes qui peuvent monter jusqu'à Bramaya, village du roi. Aux environs sont placées les factoreries européennes.

Les renseignements hydrographiques sont très incomplets sur le Bramaya. La barre et la rivière particulièrement ne se trouvant pas suffisamment connues, les grands navires n'osent s'y engager.

Maintenant que cette rivière est française et commence à devenir une voie de trafic important avec le Fouta-Djallon, il serait à désirer qu'une exploration hydrographique fût faite dans ces parages.

Les factoreries européennes établies dans le Bramaya sont les suivantes :

1° Compagnie du Sénégal et de la côte occidentale d'Afrique, à Tanénah (française);

2° M. Pons, à Roboupa (française);

3° M. Trobley, à Bramaya (française);

4° Mᵐᵉ Rivoire, à Bramaya (française);

5° M. Ismaël-Mélamine, à Jaffraya (française).

Il s'y trouve aussi une dizaine de sous-factoreries de ces mêmes maisons, et de nombreux traitants à Sierra-Leone et Yolofs, disséminés dans les villages placés sur les routes des caravanes.

La maison allemande Kolen et Cⁱᵉ, de Bolobiné (Conakry), et la maison anglaise Patterson et Zacconis, de Sierra-Leone, sont actuellement en instance auprès du roi du Bramaya pour fonder des factoreries sur son territoire.

La parfaite tranquillité dont jouit le pays depuis longtemps lui attire une grande partie des caravanes du Fouta-Djallon qui se rendent à la côte.

Deux routes que le roi entretient en bon état aboutissent aux comptoirs du Bramaya, distant de 8 à 9 jours de marche seulement de Timbo.

Pour mieux faciliter l'arrivée des caravanes, ce roi a fait aussi établir des ponts sur plusieurs marigots coupant les routes du Fouta.

Pendant les années 1882, 1883 et 1884, les caravanes apportèrent au Bramaya de grandes quantités de caoutchouc et autres produits de l'intérieur.

L'or et le caoutchouc sont échangés contre des noix de colats que les factoreries tirent principalement du Koba. Les noix récoltées dans le Bramaya sont consommées sur place par les naturels qui en achètent même au commerce. Les autres produits foulahs sont échangés contre des articles de provenance européenne : tissus de laine et de coton, armes, poudre, ambre et verroteries. Le sel, surtout, qui manque aux peuples de l'intérieur, est très recherché des caravanes.

Les indigènes qui habitent la région du Bramaya appartiennent à la race sousou. Ils se font remarquer par la douceur de leur caractère et par leur politesse envers les étrangers. Ils passent pour avoir moins de vices que leurs frères du Rio-Pongo et du Dubréka.

Tout leur pays est parfaitement cultivé; ils récoltent du riz, des arachides, des sésames, des amandes de palme, de l'huile de palme et un peu de noix de colats. Ils livrent une partie de ces récoltes au commerce contre des cotonnades à couleurs éclatantes et des spiritueux.

La population du Bramaya n'a pas souvenance d'être entrée en guerre défensive ou offensive, et pour donner une idée de l'état des esprits dans ce pays, nous traduisons ici la réponse que fit le roi à une de nos questions : « Mes ancêtres et moi, nous n'avons jamais « entendu parler la poudre, que dans nos fêtes seulement ».

Le roi William Fernandez a auprès de lui un secrétaire, sujet anglais, chargé de la correspondance. A défaut de lettres, les messagers du roi doivent vous représenter une arme ou un bijou, connus pour lui appartenir, afin que leur qualité d'envoyés ne puisse être mise en doute.

Les insignes de la royauté consistent dans le port d'un bonnet richement façonné, relevé d'ornements en cuir et en métal. Cette coiffure s'appelle la couronne royale.

La langue anglaise est parlée par presque toute la population, ce qui s'explique par les rapports qui datent de loin avec la colonie de Sierra-Leone.

Il n'existe aucun établissement d'instruction d'un culte quelconque au Bramaya; cependant nous croyons savoir que les missions protestantes et catholiques de Sierra-Leone sont sur le point d'y fonder des établissements.

Dans le but de répandre le plus possible la langue française sur nos possessions, nous avons été amené à stipuler, dans la convention du 14 juin 1883, avec le roi du Bramaya, que la langue française serait seule enseignée par les établissements d'instruction qui viendraient s'installer sur les territoires soumis au protectorat de la France.

De Sierra-Leone jusqu'au Sénégal, la rivière Bramaya était la seule indépendante et n'avait jamais voulu accepter un protectorat européen.

Le représentant d'un gouvernement étranger voisin avait fait de nombreuses démarches pour placer cette rivière sous son protectorat, et on est fondé à croire qu'il avait en vue une acquisition complète.

Le roi sut résister aux offres qui lui furent faites et il continua à gouverner son État avec sagesse, et observa la plus stricte neutralité dans les affaires des rois voisins. Ses relations avec tous sont excellentes, et particulièrement avec les almamys du Fouta.

Il acquit ainsi de nombreuses sympathies et une grande influence dans la contrée.

A l'occasion de notre arrivée dans une rivière voisine, de bons rapports ne tardèrent pas à s'établir entre lui et nous; il vint spontanément nous offrir ses bons offices à la pacification de pays en guerre, et un an plus tard, voulant nous donner un grand témoignage de son amitié, il se rendait à Boffa avec tous ses chefs, et nous priait d'accepter son pays, qu'il offrait à la France en signe de sympathique reconnaissance.

Le même jour, le 14 juin 1883, nous signâmes avec le roi le traité suivant :

TRAITÉ DU 14 JUIN 1883.

An nom de la République française,

Entre nous, Bour (Charles), Commandant du cercle du Rio-Pongo, agissant en qualité de représentant de M. le Gouverneur du Sénégal et dépendances, d'une part,

Et William-Fernandez, roi du Bramaya, d'autre part,

A été conclu le traité suivant :

Art. 1er. — William-Fernandez, roi du Bramaya, en son nom et au nom de ses successeurs, déclare placer volontairement lui et son pays sous la protection et la suzeraineté de la France.

Art. 2. — Le Gouverneur du Sénégal et dépendances reconnaît William-Fernandez comme roi du Bramaya et lui promet aide et protection.

Art. 3. — Le Roi du Bramaya donne en toute propriété et sans aucune redevance, au Gouvernement français, un terrain de 500 mètres carrés sur tel emplacement qu'il désignera.

Art. 4. — Le commerce se fera librement et sur le pied de la plus parfaite égalité entre les sujets français, ou autres sous la protection de la France, et les indigènes. Le Roi du Bramaya et tous les chefs de la rivière s'engagent à protéger les personnes et les biens des Européens ou de leurs agents, à ne jamais porter obstacle aux transactions des traitants, à ne jamais fermer les routes, et à préserver de tout pillage les bâtiments qui viendraient à faire naufrage dans la rivière ; ils s'engagent en outre à favoriser le développement des cultures et l'arrivage des produits.

Art. 5. — Les Français ou autres qui voudront s'établir dans le Bramaya devront s'entendre avec les propriétaires du sol pour louer ou acheter le terrain dont ils auront besoin. Les contrats de vente et de location devront être approuvés par le Roi et déposés à l'enregistrement au poste de Boffa dans un délai de six mois. En cas de contestation entre un Français ou autre placé sous la protection de la France, l'affaire sera jugée par le représentant du gouverneur, sauf appel devant le chef de la colonie. Les jugements rendus contre les indigènes seront exécutés par le Roi du Bramaya, et ceux contre les Français ou autres par le représentant du gouverneur.

Art. 6. — Le Roi du Bramaya s'engage à soumettre au Commandant du Rio-Pongo tous les différends qu'il pourrait avoir avec ses voisins et à n'entreprendre aucune guerre sans le consentement du Gouverneur.

Art. 7. — Les écoles françaises seront seules autorisées à se fixer dans le Bramaya.

Art. 8. — Afin de donner au Roi de Bramaya une position indépendante qui lui permette d'assurer, en ce qui le concerne, les clauses du présent traité, il lui sera servi une pension annuelle de mille francs payable les 1er janvier et 1er juillet de chaque année.

Art. 9. — Le présent traité provisoire a été conclu, sauf approbation de M. le Gouverneur du Sénégal et dépendances, et pourra recevoir toutes les modifications à y introduire par un texte définitif.

Fait et signé en triple expédition à Boffa (Rio-Pongo), le 14 juin 1883.

Signé : Ch. BOUR et WILLIAM-FERNANDEZ.

Suivent les signatures du Roi et des Ministres du Pongo, des Ministres et chefs du Bramaya, témoins.

En acceptant sous notre protectorat la rivière Bramaya et les territoires qui en dépendent, tels que le Koba, etc., où les maisons de commerce qui s'y trouvent sont toutes françaises, nous étions certain d'avance de la complète approbation de l'autorité supérieure.

Ce traité a été ratifié par un décret en date du 12 décembre 1884, rendu sur la proposition de M. le Ministre de la marine et des colonies.

La rivière Bramaya se trouvant être beaucoup plus rapprochée du Dubréka que du Rio-Pongo pourrait être rattachée à l'administration du cercle à établir à Dubréka.

La nécessité de construire un fort ne se faisant nullement sentir au Bramaya, grâce à l'état de paix et à la bonne gestion des chefs, il n'y aurait plus qu'à y établir un poste de douane, aussi près que possible de l'embouchure de la rivière.

La rivière Dubréka.

La rivière Dubréka a pris, depuis quelques années seulement, une certaine importance commerciale due, en partie, à l'abandon des comptoirs de la Mellacorée qui, exposés aux pillages quotidiens des Timenés, sont venus là chercher refuge et sécurité. Grâce à son voisinage avec Conakry, nouvel entrepôt des arrivages d'Europe, et à la petite distance qui le sépare de Timbo, le Dubréka est appelé à augmenter son mouvement commercial.

Les navires qui veulent entrer dans le Dubréka sont dans la nécessité de prendre un pilote à Conakry (presqu'île Tombo) ou aux îles de Loos.

Ceux d'un tirant d'eau de trois mètres doivent mouiller en rivière, à trois milles environ de l'embouchure. De ce mouillage à Dubréka, village où sont établies les factoreries européennes, la distance est de cinq milles. Sur tout ce parcours, la rivière est parsemée de bancs.

A un mille en aval de Dubréka, et presque en face la factorerie française de Robery, se trouve un grand banc de vase et de sable, qui se découvre presque entièrement aux marées basses, et ne laisse qu'un très étroit chenal pour les canots.

Ce banc est franchi aux marées hautes par les goélettes de

moyenne dimension. A deux milles en amont de Dubréka, on rencontre un barrage de roches laissant deux passages aux petites embarcations.

Les chargements et déchargements à bord des navires se font à l'aide de grandes embarcations à fond plat, construites dans le pays et connues sous le nom de grandes pirogues, ou encore, par côtres et goélettes non pontés.

Aujourd'hui que le Dubréka est fréquenté par des vapeurs et des voiliers, il y aurait intérêt à en refaire l'hydrographie; les cartes dont on dispose actuellement datent d'une époque fort éloignée, et, ainsi que cela s'est produit aux embouchures de la plupart des fleuves et rivières de la côte occidentale d'Afrique, les barres et les fonds se sont déplacés et ne se trouvent plus aux points indiqués autrefois.

Les factoreries européennes fixées au Dubréka sont les suivantes :

1° Compagnie du Sénégal et de la côte occidentale d'Afrique, à Robery (française);
2° MM. Triboulet et Corrente à Dubréka (française);
3° M. Pons à Tanéney (française);
4° MM. Randall et Fisher à Dubréka (anglaise);
5° MM. Patterson et Zaconnis à Dubréka (anglaise);
6° MM. Kolen et Cie à Dubréka (allemande);
7° M. Weber à Dubréka (allemande).

Chacune de ces factoreries possède des sous-factoreries et des traitants sur les points de passage des caravanes de l'intérieur. Il s'y trouve en outre un certain nombre de traitants sierra-leonais, trafiquant pour leur compte personnel et s'approvisionnant à Freetown (Sierra-Leone).

Des relations assez suivies sont établies entre le Dubréka et le Fouta-Djallon, les caravanes de Timbo ne mettent que huit jours pour arriver aux factoreries du Dubréka. Pendant les campagnes de 1882 et de 1883, elles ont pénétré en assez grand nombre dans le Dubréka, apportant l'or du Bouré et du Bambouck, le caoutchouc, le café, les cuirs et les bestiaux.

Le roi de Dubréka, Balé-Demba, ayant eu le tort de prendre une part active dans les guerres de ses voisins du Moréah, les caravanes qui descendaient habituellement dans son pays ont pris la route d'autres comptoirs, en attendant la cessation des hostilités.

Les articles d'exportation européenne, formant la base des échanges dans le Dubréka, sont : les cotonnades unies et façonnées, les spiritueux, la quincaillerie et la coutellerie, les armes, la poudre, le tabac en feuilles, les verroteries, les grossières faïences, etc. Liverpool et Hambourg sont les centres d'approvisionnement des négociants du Dubréka.

Les indigènes du Dubréka appartiennent à la race sousou, dont il a été parlé dans notre relation sur le Rio-Pongo. Comme toutes les peuplades côtières, fétichistes ou musulmanes, ils font une très grande consommation d'eau-de-vie.

La monnaie anglaise est seule connue dans la rivière. Bien qu'il n'y ait aucun établissement d'instruction au Dubréka, la langue anglaise est parlée par la majorité des habitants.

Les lois, religion, mœurs et coutumes du Dubréka, sont semblables à celles des pays voisins de race sousou. Les hommes sont paresseux, menteurs et voleurs surtout.

En dehors des marécages qui bordent la côte, le sol de la contrée est généralement ferme et pierreux, l'intérieur est assez accidenté. Une chaîne de montagnes, prenant naissance aux sources de la Mellacorée, vient se terminer à l'embouchure du Dubréka. Une de ces plus hautes montagnes est le Kakulima, d'une altitude de 800 mètres. Dans le pays on rapporte que le Kakulima était autrefois un volcan; les lois indigènes font défense aux blancs de gravir cette montagne.

L'abondance des pluies, qui durent de mai à novembre, procure une certaine fertilité au sol, et nous avons remarqué des cultures d'arachides et de riz en bon état. Les palmiers sont aussi très bien cultivés.

Le roi, vieillard octogénaire, habite un petit village situé au pied du mont Kakulima, à une heure et demie de marche de Dubréka. Des chefs du pays, à la fois ministres et conseillers, lui dictent leurs volontés et gouvernent réellement.

Le Dubréka était indépendant, lorsque, en 1877, des indigènes, parmi lesquels se trouvaient quelques chefs, se rendirent coupables d'actes de violence sur des sujets anglais commerçant dans le pays.

Menacé d'un châtiment sévère et de l'annexion pure et simple de son pays à l'Angleterre, le vieux roi fit des ouvertures à un négociant français, M. Pons, établi depuis de longues années au Dubréka, et, malgré l'esprit d'opposition des chefs, il signa, en 1880, un traité par lequel il reconnaissait le protectorat et la suzeraineté de la France sur son État de Dubréka.

Depuis la signature de ce traité, le gouvernement de Sierra-Leone n'intervint jamais directement dans les affaires du Dubréka.

Lorsque le cas s'en présente, s'il s'agit d'un de ses nationaux, il adresse ses plaintes ou réclamations au vice-consul de France, à Sierra-Leone, qui transmet l'affaire à un négociant français de la rivière.

Jusqu'à ce jour, le Dubréka a relevé de la juridiction du cercle de la Mellacorée. Le traité de 1880 alloue au roi une pension annuelle de 2,000 francs, qu'il fait régulièrement toucher au poste de Benty.

Les commerçants du Dubréka sont malheureusement forcés de subir les caprices et les exigences du roi, des chefs et des naturels. Ils doivent satisfaire à toutes les demandes qui leur sont formulées, sous peine de voir brutalement mettre obstacle à leurs transactions. Très rarement ils ont pu obtenir justice des chefs indigènes, qui, les premiers, emploient des moyens violents envers eux. Au commencement de juin 1884, des gens du roi ont tiré sur un Français, M. Legendre, employé à la Compagnie du Sénégal et de la côte occidentale d'Afrique; et ils ont jeté dans la vase, sur les bords de la rivière, un autre Européen d'une factorerie anglaise. Tous deux avaient voulu empêcher le pillage des comptoirs qui leur avaient été confiés par leurs chefs de maisons. Le pillage eut lieu après la fuite de ces deux employés, et dans des conditions qui permettaient d'en rendre le roi responsable.

Il est présumable que l'état de choses existant au Dubréka cesserait dès que le gouvernement du Sénégal ferait acte de protection sur cette rivière, en y plaçant un commandant de cercle, ainsi que cela se pratique sur tous les territoires protégés.

Dans notre récent voyage au Dubréka, nous y avons recueilli les vœux et les doléances de nos nationaux et de nos protégés. Ils attendent de la sollicitude du Gouvernement l'établissement d'un poste fortifié auprès de leurs factoreries, et ils sont prêts à acquitter les

droits de douane que la colonie leur demandera. Les revenus doua
niers des premières années peuvent être estimés à une moyenne
annuelle de 200,000 francs.

Le Conakry.

La Compagnie du Sénégal et de la côte occidentale d'Afrique, qui
était installée, il y a deux ans, dans l'île Factorerie, l'une de îles Loos,
songea à s'affranchir du fisc anglais et mouilla un ponton entre les
îles de Loos et la presqu'île Tombo. Peu après, elle construisit une
grande factorerie à l'extrémité nord de la presqu'île, à Conakry.

Cette factorerie sert d'entrepôt général aux nombreux comptoirs
que cette Compagnie possède, tant sur nos possessions, que sur les
possessions étrangères voisines.

Indépendamment de la flotte de la Compagnie, composée de huit
steamers de 900 à 1500 tonneaux, de plusieurs trois-mâts, elle possède
aussi des petits vapeurs et des goëlettes attachés à ses établissements
de la côte.

Tous ces navires et ceux des autres factoreries touchent à Conakry,
qui est ainsi visité par les lignes de paquebots de Liverpool à Bonny
et par ceux de Hambourg au Gabon et au Congo *(Compagnie Woër-
mann de Hambourg)*. Les lignes anglaises, *Royal Mail* et *British Afri
can*, de Liverpool, alternent leur arrêts à Conakry de quinzaine en
quinzaine; la ligne allemande s'y arrête régulièrement toutes les trois
semaines.

Une forte maison allemande, la maison Kolen et Cie de Stuttgard,
a aussi établi une grande factorerie sur la presqu'île Tombo, à Bolobiné, auprès de Conakry.

Les droits excessifs, imposés par la douane anglaise des îles de
Loos sur les produits et les marchandises à l'entrée et à la sortie, ont
naturellement conduit le commerce à s'installer sur le littoral inoc-
cupé.

La création des nouveaux entrepôts de Conakry et de Bolobiné a
fait délaisser les îles de Loos, et Sierra-Léone songea à persuader au
roi et aux chefs du Dubréka, que la presqu'île Tombo était une île, et
conséquemment devait être rattachée au groupe des îles de Loos, qui,
paraît-il, feraient partie du domaine de la couronne britannique.

Le roi Balé-Demba aurait cédé ces îles à l'Angleterre moyennant une pension annuelle. Ce roi nous a cependant assuré qu'il les avait simplement placées sous le protectorat anglais et qu'il y conservait tous ses droits de souverain.

Quant à la presqu'île Tombo, elle appartient au continent, géographiquement et indiscutablement, et ne peut en aucune façon être assimilée à une île. La configuration géographique du littoral établit clairement le peu de valeur des prétentions soulevées par la colonie anglaise de Sierra-Leone.

Au temps où les factoreries se trouvaient installées sur les îles de Loos, cette colonie ne pensa jamais à revendiquer la possession de la presqu'île Tombo. Ces revendications lui sont d'ailleurs interdites par le traité de Paris, du 30 mai 1814, qui restitue à la France toutes les possessions de la côte occidentale d'Afrique, qu'elle occupait avant le 1er janvier 1792, c'est-à-dire toute la côte, depuis les comptoirs portugais du Rio-Grande jusqu'à la colonie anglaise de Sierra-Leone.

La récente convention de mars 1883, entre la France et l'Angleterre, règle au surplus les droits respectifs de ces deux puissances au nord de Sierra-Leone.

La côte est généralement basse du Rio-Nunez à la Mellacorée; et, dans ses bas-fonds, elle forme une immense série de lagunes qui découpent le littoral. Une de ces lagunes sépare l'extrémité de la presqu'île Tombo, où sont bâties les factoreries de Conakry et de Bolobiné, du restant de la terre ferme. Les îles de Loos en sont séparées par un détroit de plusieurs milles et sont très nettement distinctes des saillies ou îlots appartenant au continent.

Si la prétention de Sierra-Leone pouvait être admise, nous serions fondé à considérer les îles de Loos comme une dépendance de la terre ferme et ces îles ne pourraient appartenir qu'à la France seulement, en vertu des traité et convention précités.

Dans les refus successifs du roi du Dubréka de faire droit aux légitimes demandes de la France, nous ne devons voir que sa crainte de perdre les ressources qu'il tire du commerce, et aussi des amendes, réquisitions, etc., qu'il craindrait de voir diminuer avec son influence, dans le cas où un représentant du gouvernement français serait placé près de lui.

Anson-Mané, chef de Conakri, est favorable à l'établissement d'un

poste français dans son pays. Il a servi dans la marine française et il
parle assez bien notre langue. Cet homme pourrait nous prêter un
très utile concours auprès des ministres et conseillers de Balé-Demba,
lorsque nous voudrons essayer de vaincre leur résistance.

C'est, nous le pensons, à Conakry que devra résider le lieutenant
gouverneur des Rivières du Sud. Tous les navires, grands ou petits,
qui fréquentent ces rivières, font escale à Conakri; il serait ainsi
assuré de communications rapides avec ces rivières. Tel ne serait pas
le cas s'il résidait à Benty. Ce serait alors soumettre les correspondances à des retards prolongés et souvent préjudiciables, la Mellacorée n'ayant plus aujourd'hui que de très rares occasions de communiquer avec les Rivières du Sud.

TABLE DES MATIÈRES

CARTES ET PLANCHES

Paris. — Imprimerie L. Baudoin et Cᵉ, rue Christine, 2

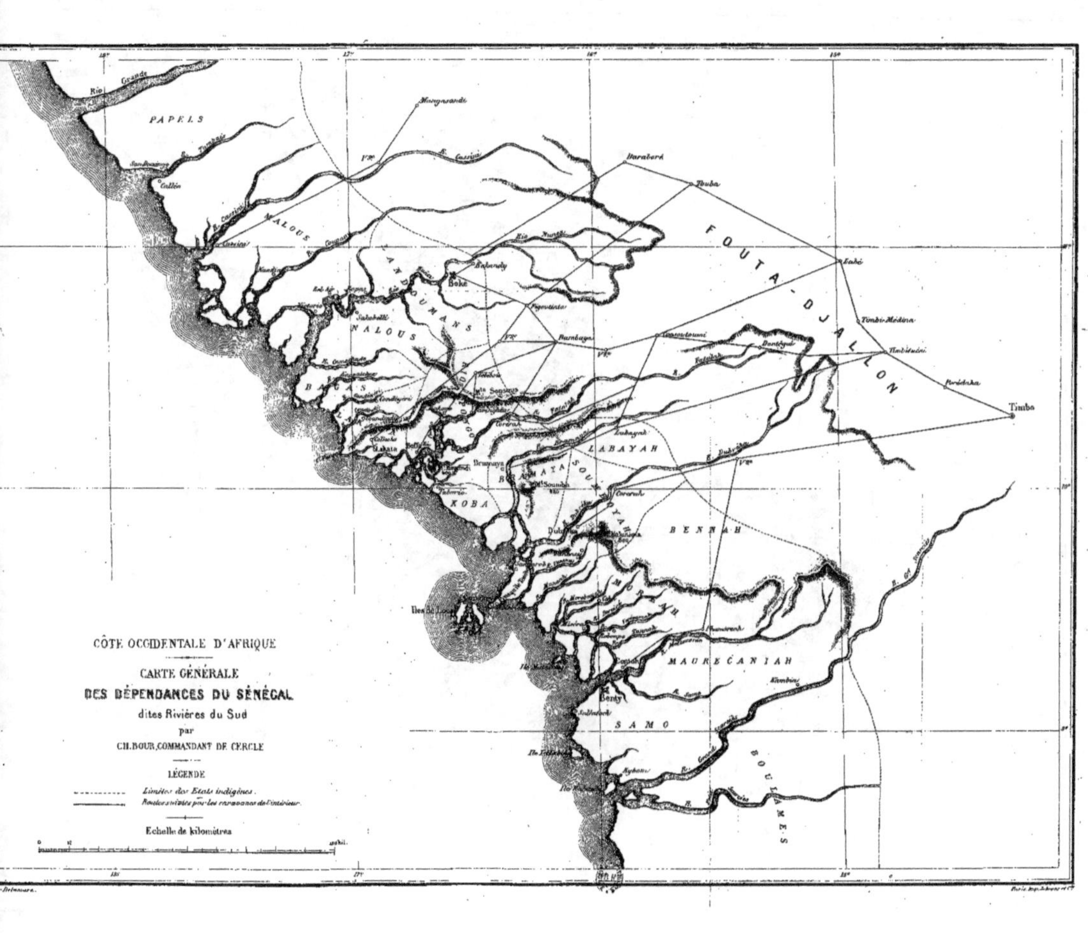

CÔTE OCCIDENTALE D'AFRIQUE
CARTE GÉNÉRALE
DES DÉPENDANCES DU SÉNÉGAL
dites Rivières du Sud
par
CH. BOUR, COMMANDANT DE CERCLE
LÉGENDE
Limites des États indigènes.
Routes suivies par les caravanes de l'intérieur.
Echelle de kilomètres
PAPELS
NALOUS
ANDOUMANS
NALOUS
FOUTA-DJALLON
LABAYAH
SOUMAYAH
BENNAH
KOBA
MAURÉCANIAH
BOULAMES
SAMO
Rio Grande
Timbo
Tamba

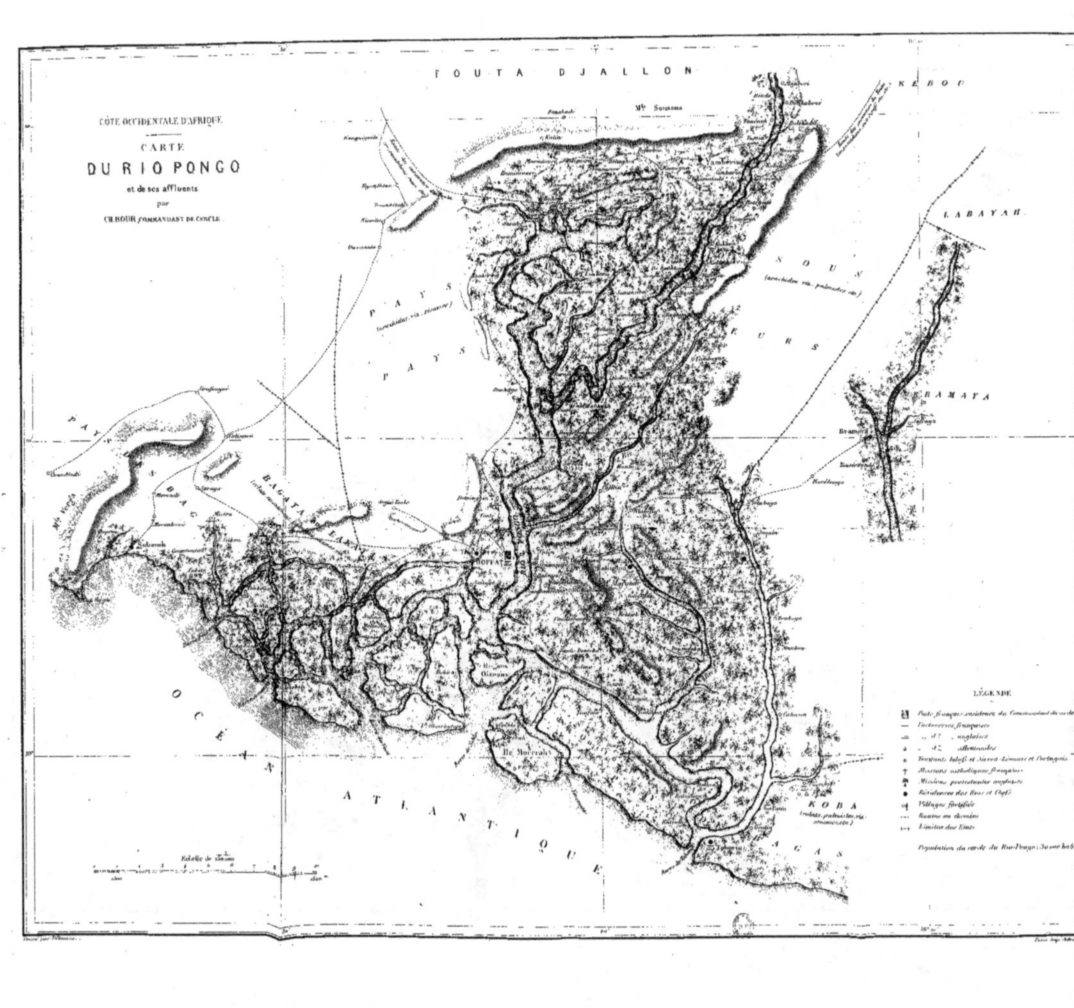

CÔTE OCCIDENTALE D'AFRIQUE
CARTE
DU RIO PONGO
et de ses affluents
par
CH. BOUR, COMMANDANT DE CERCLE
FOUTA DJALLON
KEBOU
LABAYAH
BRAMAYA
Bramaya
Mt Soumba
PAYS SOUS
(arachides, riz, palmistes, etc)
PAYS
(aroachides, riz, bananes)
PAYS
PAYS SOUGA
Mt VOGO
BAGATAYA
BOFFA
Île Morreah
OCÉAN ATLANTIQUE
KOBA
(colats, palmisteria, arachides)
AGAS
LÉGENDE
Poste français, résidence du Commandant du cercle
Factoreries françaises
d°   anglaises
d°   allemandes
Traitants taleßi et Sierra-Léonais et Portugais
Missions catholiques françaises
Missions protestantes anglaises
Résidences des Rois et Chefs
Village fortifié
Routes ou chemins
Limites des États
Population du cercle du Rio-Pongo: 30000 hab
Échelle de 1:250000

le Prince Abdoulaye-Bademba:

بسم الله الى ... عليم حكيم
عبد الله بن ... نب
ام ... و
ا ...

Poste français de Boffa — Côte occidentale d'Afrique — Rio Pongo.

www.ingramcontent.com/pod-product-compliance
Lightning Source LLC
LaVergne TN
LVHW050100060726
842524LV00003B/844